絕對

蘊

王蘊 老師／著

關於作者

王薀 老師

一位深諳古典美學的藝術創作者；一位古董藝術收藏家；一位雅好品茗的茶藝家，曾是台灣早期開創茶藝文化先進之一，共創立三家當代茶藝文化中心的品茗家；一位精通天文曆算、陰陽術數的追求者，精通及了解各類失傳的命理占卜之學，包括《易經》、占星學、塔羅牌占卜和奇門遁甲，還有各類卜算法……；一位修學各路門派武學的功夫愛好者，從十四歲起追隨道家師父修學形意、八卦、太極拳、螳螂拳、鶴拳、少林彈腿、槍、棍、流星錘……各家流派武學；一位致力保存傳統音樂薪傳的倡導者，創辦國樂——樂府雅韻和南管樂社——梵音雅集。

為了承續宇宙繼起生命，有使命地開辦創立了多處行動組織，包含：中國人文生命科學永續發展協會、轉化創意工作室有限公司、生命力文創教育基金會、薄伽梵有限公司及拾慧文化創意有限公司。

老師宛如電影小說般不世出的隱士，是融合東西方文化傳統精髓及現代西方世界觀的心靈導師。從出生開始便經歷且擁有不同於他人的生命歷程，因此造就了化外出世及種種不凡的體驗與覺受。其所經歷的真實人生故事恰如現代版驚世傳奇般激勵及撼動人心！

老師更是一位跨文化跨地域的心靈導師，足跡踏遍美國、中國、澳洲和歐洲等不同地方，教授學生數萬人，遍及海外二十五個國家也經常受邀於各國各種團體、學術機關和學院，不斷舉辦講座、演講，為現代人困執痛苦的心靈，開啟智慧的大門，引入源源不絕的大智活水。

老師素愛閱讀各類書籍，從東方的孔孟儒家學說、仙道之學、佛家的三藏十二部經典，以及西方的心理學、哲學和文化歷史各皆深入研習探究，並於各項技藝方面，包含東西洋等各式繪畫技巧、書法、瑜珈、健身都有非常深入淺出的研究，也曾受聘為諸多企業之管理顧問。

在其三十多年的教學生涯中，觀察到現代人身心上充斥著各種不同的困擾及需求，所以總是夜以繼日地運用他多年來不同的人生體悟及知識分享給有緣大眾，並且很生活化地將艱澀難懂的經典理論結合於生活之中，讓更多人能夠更實際地去體會、發現、開展更多的創意，使其能活用在日常生活之中。

老師總是超越眾人眼光的突破及創見，時時刻刻準備著更多能夠解開我們心靈枷鎖的配方良藥，針對現代不同人的需求給予對症下藥的妙方，不僅為現代人的心靈帶來安頓的療癒，更進而從「心」蓄積綻放無盡豐沛的全新力量！

風起雨落看人生

出版社編輯序

人生多風雨，在風起雨落中，有幸拜讀王薀老師的新著《絕對》一書，他開宗明義地說道：「無論是任何人，任何身分，對待生命我認為最重要的就是態度——絕對的尊重，絕對的堅強，絕對的樂活，絕對的達觀，絕對的進取，絕對的放下，絕對的寬恕，絕對的理性，人生至此自然一片坦途，即使洪浪滔天，平舟可駛，有什麼可以罣礙的呢？」這真是至理名言，同時也點出該書的主旨。

王薀老師是位飽學之士，若有讀過他的《重生——生命中都必須有一次》、《力量——重生之後》等書的讀者，自然就會感受到其淵博。老師不僅精通儒、釋、道所有典籍外，甚至山醫命卜、詩詞歌賦、琴棋書畫，無一不通。在《絕對》書中他談到在慘綠少年時候，已經遍讀但丁的《神曲》、歌德的《少年維特的煩惱》、拜倫的《唐璜》、莎士比亞的名著、泰戈爾的著作……等等作品。

由於大量廣泛地閱讀中外名著，再由此探求作者寫作的初心及其一生的遭遇，自然感受與體會不同，而可達到「知人論世」之境。除此而外，王薀老師還遍讀中外古今名人的傳記，於是從白居易、張九齡、朱元璋、馬克．吐溫、維多利亞女王、諾貝爾、喬吉拉德……等等中外名人的故事中去探究其成功背後的因素，尤其特別看重其窮困潦倒或從高峰跌落時，他們如何地自處，這個獨特的視角，構成了《絕對》一書的主要基調。

一般人常容易去謳歌偉人成功的榮耀，而不了解其奮鬥背後的辛酸，因此無法從中得到該有的啟發，這是相當可惜的。而王薀老師卻慧眼獨具地看出其中的奧竅，深得其言外之意。例如他引用王安石的詩句：「不畏浮雲遮望眼，自緣身在最高層」，記得胡適先生也常書王荊公此句贈人，它表面的意義是只要你站得高自然看得遠，眼底的景物可以一覽無餘，不怕浮雲遮住視線。但「浮雲」在此通指為世間的小人，所謂「浮雲能蔽日」，因此你必須常保一顆清明透徹的心，才不為世事所迷，不為名利所惑。這是這句詩更進一層的意義。

《絕對》一書正是從這些歷史人物、成功人士做一鋪墊，「鑑古知今」地去看現實人生的種種遭遇。王薀老師授課數十年間，有著無數的學員、朋友，他們切身實際的案例，也正是你我經常遇到的問題。老師以其智慧為學生解開人生困惑，循循善誘，將其導向正面的能量。對於迷失於人生十字路口而臨歧徬徨的人，真彷如黑暗中的一盞明燈，指引其走向康莊大道。書中學生的問難以及老師指點迷津的智慧語錄，令人不禁想起孔門師生間的對話集《論語》一書，在問答之間，閃現智慧的火花，帶給讀者無限的啟示。

雖然王薀老師謙稱寫作《絕對》一書，是受到如大仲馬、居禮夫人、柳如是、呂蒙正等故事之啟發，但我們讀此書則將會獲得老師更多的啟發，在「古事今情」雙重的啟示下，更凸顯此書的迥異於他書。《絕對》一書，可讓你常讀常新，終身受用不盡的。

人生啟示錄

人生啓示錄

01

重拾的信心 開展人生新象

一旦決定了目標，
就絕對不會因為遭受到誤解或排斥，
而選擇逃避或放棄。

苦讀終宵的王安石啟示

「飛來山上千尋塔，聞說雞鳴見日昇。
不畏浮雲遮望眼，自緣身在最高層。」

這是王安石在他很年輕的時候所寫的一首詩。關於王安石，讀過歷史的人一定知道，他的「變法」是無人不知，無人不曉的，他的功勳是足以垂範百世，足以記上光輝燦爛的一筆。更令人激賞的是，在他功成之後，卻拋棄富貴榮華，赤貧地自我引退於山居之中，此舉無論朝野都受其撼動，因為這必須要有絕對的高風亮節，才有辦法這般地瀟灑，正所謂無瑕的操守，雪霜般的傲骨。

王安石在政壇上出道其實極早，從家鄉到京城參加國試之後，一路就從沒更改過從政的路線，他的文采及高瞻遠矚，一直受到宋代之後所有學子們所效仿。從初露鋒芒開始，歐陽修一路都注意著這位後起之秀，對他也有著極深度的好評和期望。但是，王安石的仕途生涯從一開始就不是那麼地順暢，他的鐵骨直言其實一開始就冒犯了多疑的宋仁宗。

關於宋仁宗，我從小看野台戲的《狸貓換太子》和《包公傳》時，所得的印象是一個躲在垂簾聽政女人背後的小皇帝，由於得到了幾位名臣的輔佐而有所成。例如范仲淹所推行的十大政策……，雖然無法持續生效，但在那段掌政期間，最起碼也無任何戰事發生，所以歷史上對他的評價也不是太差，因為他是整個宋代歷史中，皇帝的位置坐得最久的一位。對於他在儒家思想上面精神的延續，我個人是尊重的。「四書」的由來，也是從這位宋朝皇帝才開始的。因此，在整個大宋著名的臣子如司馬光、曾鞏、歐陽修、文天祥……的眼中，他其實是一位仁慈之君。

但是剛出道的王安石為什麼起初並沒有給這位宋代皇帝太好的印象呢？那是因為王安石所寫的文章中，有兩個字碰觸到宋仁宗的敏感神經，於是原本應該是第一名的文采與觀點，就落到了第四名；本來應該有更好的前途，但後來也只是獲得了一個公家機構的頭銜而已，也可謂是出師不順。王安石並沒有因為皇帝對他的不賞識而自暴自棄，他反而在這段時間開始整理和蒐集大批的資訊和材料，這也成為日後啟發他整個政治生涯方向上最主要的來源。

我曾經研究過王安石成功的理由，發現他有著當代年輕人及現代人所沒有的特質，那便是他有高度的方向感。他一旦決定了目標和方針，就絕對不會因為遭受到誤解或排斥，而選擇逃避或放棄。同時，他也有著那個時代文人所共有的特質，那便是追求學問永無止境的狂熱感。王安石幾乎每天苦讀，可用通宵達旦，三更燈火五更雞來形容他讀書的態度。據說他經常是為了讀書而脇不著蓆；平常為了追求學問，顧不得臉上的鬍鬚、身上的汗臭及許多天未換的衣裳，一副邋裡邋遢的模樣，經常會引發老一派學者對他的誤解，以為他是經常夜不歸宿，衣服不換就跑去上班。反觀現代很多人，不但耐受力不佳，工作態度也僅僅是為了自己本身酬勞利益而做事；至於學子們，有的甚至於拿到了博士學位還不知道所學為何。這些現象的原因究竟是教育出了問題？還是從小的家庭教育有問題？抑或是自己的價值觀念出了問題？

重拾信心再出發的人生

在我的學生當中，也曾經有些人在生活上必須面對困窘的工作環境，像陳雅德就是一個例子。他是國內某大學研究所的畢業生，畢業後曾經是電子行業中很優秀的業務人員，經常代表公司出國，向不同的國家爭取大量的訂單，也替自己的戶頭賺進了大筆的鈔票。後來由於電子業蕭條，他也碰到了裁員的窘境，在那段待業的時間裡，整整一年，他找不到任何適合自己的工作。妻子由剛開始勉勵的口吻，漸漸地轉變成責怪和埋怨的態度，這讓他非常地難過。他也曾經嘗試從事不同的行業，但畢竟他的所學及專業不同而屢換屢敗，這令他內心更加地頹喪。有一天他來找我，提到他所處的身心狀態是如何地不堪，並且詢問我該如何面對自己未來的人生。

「老師，我現在真的覺得自己是個一無是處的廢人。原本年薪將近兩百萬，我也貸款買了一間房子、養了一部車，原本生活充滿了錦繡的前景，但是好景不常，公司被併購，我的團隊大部分都被裁員。本來我是志得意滿的，可是經過幾次轉換跑道，心理感受到的是因噎廢食，以及不斷地冷嘲熱諷，我也徹底被自己打敗了，多少個夜裡都需要靠安眠藥才能入睡。也曾經有兩三個月的時間，為了避免老婆在耳邊不斷地嘮叨碎唸，瞞著老婆，每天一大早衣裝整齊地離開家門，佯裝去上班，最後被老婆識破。現在，我和老婆也過著貌合神離的生活。我的人生好像突然在這兩年之間完全地被詛咒一般，也像是一隻原本飛翔在無垠晴空的飛鷹，霎時間垂翼暴鱗，讓我完全地絕望……」

聽完了陳雅德自怨自艾的言辭之後，我示意他坐在眼前的一個座位上。

「我跟你講，在這個世界上，每一個人都只有兩條路可走。一條就是你替自己架設好願景及理想的藍圖，而你也正在這條路上奔跑，目的只有一個，就是達標。另外一條道路，就是自己渾渾噩噩，無所適從地過著顢頇而不知所措的人生，你不確定下一步跨出去是窟窿？還是陷阱？你的生活是沒譜的。現在看來，你目前所走的就是第二條道路，這是最危險、最不可預期，也是最顛簸的一條道路。我勸你要趕快轉換你的態度，要不然我會很替你擔心……」

陳雅德聽我很懇切地對他說這一番話以後，他的眉頭鎖得更緊。

「你也認識張某某，他是一位從小就殘廢的人，可是他靠著好學不倦的態度讀到了研究所，後來碰到了現在的老闆很賞識他，現在他帶領了一個很大的團隊。前陣子他也來找我，也碰到了公司轉型的問題，但是他和你的態度完全不一樣，他跟我說的是如何讓公司轉戰成功的各種方案。我聽了之後大表贊同，現在看起來一切似乎也都在他的掌握之中。所以記得，你的態度決定你的高度！人最怕的就是失去了鬥志。再告訴你，失敗的人沒有悲傷的權力，只有積蓄勇往向前的實力！你聽過喬吉拉德嗎？」

陳雅德搖搖頭。

「他的遭遇比你困難一百倍，他年輕的時候，不到四十歲就換了將近三四十個工作。在親戚朋友的眼中，他是一個衰人，幾乎沒有一件事是順利的，父親經常怒罵他，認為他很沒有出息。他天生又有口吃的毛病，甚至曾經在走投無路的時候，差一點當扒手。可是某一天，他經過一家汽車公司看到貼著徵人廣告，他決心從銷售汽車開始，作為人生另外一個起跑點。就這樣，僅僅用一條電話線和公司所提供的有限電話資料，沒想到他竟然打破了這個行業所有的歷史紀錄——一年銷售一千四百二十五輛汽車。這是過去所沒有的世界紀錄，他也因此而登上了名人榜，被冠上了「這個世界上最偉大、最成功的業務員」的頭銜。即便他所處的環境曾經碰到越戰和美國經濟最蕭條的時期，但是他也沒有因為這些原因而退縮或離開他的崗位。

「我認為，一個人最重要的是要有絕對的信心和決心，尤其是失敗後的重新出發。你知道喬吉拉德給自己的第一份禮物是什麼？就在他上班的第一天，他卯足了全勁，想盡辦法推銷出生平第一輛車。接著，他就向公司先預支他的業績獎金，用這筆錢買了好吃的食物，帶回家中和家人一起享用。就在吃飯時，他對他的太太發誓，從今以後絕對不會讓她有餓肚子的一天。

「你可以想想，喬吉拉德以一個家庭環境這麼糟糕的移民，從小生活困頓，為了幫忙家計，送過報紙，做過臨時工，也沒有辦法好好地完成應有的學業，只能到處打零工。甚至有一段時間交到了不好的朋友，和人一起經營賭場維生，當然最後落得了很不好的下場，親戚朋友都把他看成是異端、瘟神而敬而遠之。你的人生和喬吉拉德做對比，你比他的先天條件好得太多，又有好的學歷，口條又好，能言善道，腦筋又轉得快，現在大環境也沒有像他那個時代那樣的低落，到處都充滿了機會，我真替你找不到任何的理由可以懷憂喪志。你現在所要做的只有一件事，就是好好地整理自己的思緒，規劃好下一個人生目標和未來里程的藍圖，這才是重點！當你準備好再出發的時候，你的人生就不一樣了！」

陳雅德聽了我所舉的例子，和針對他生活上所遭遇到的，心理建設所要有的一些架構之後，似乎有點茅塞頓開的感覺。

「其實不瞞老師說，我一位大學同學在經營直銷公司，這幾年搞得紅紅火火的，最近有找我去聽他公司的一些課程。我也有一些心動，想試試看，但是心裡又很罣礙，總覺得從上市公司的高階主管，要一切從零開始，到處去推銷健康食品，真不知我的家人和朋友會如何看待……」

我聽了他的顧忌之後，就接著鼓勵他。

「現在你絕對不能被你的預設立場給打敗，你的家人在意的是你有沒有一份安定的收入，而不是你的頭銜。憑你過去的經驗，只要有信心和耐力，你絕對可以做得比喬吉拉德還要出色，業績也一定會比他燦爛，但重要的是你不能有面子的問題。喬吉拉德還有一個特色，他可以挨家挨戶拜訪，甚至於馬路上的陌生人也不斷地遞名片。他最高紀錄曾經拜訪過一個人三十多次，用盡一切方法就是想要人家記住他、想起他和他所推銷的產品。你說這麼有韌性和熱忱的態度，他能不成功嗎？你現在的心理障礙只要掃除了，很快你又可以恢復到往昔風光的模樣。」

就這樣，我和這位學生攀談了將近兩個多小時，看著他重拾了信心，踏著輕快的腳步離開，我心中也感到了極大的欣慰。

02

行到水窮處 坐看雲起時

只要保持好無有顛倒、從容不迫的心，
當一口氣將盡的時候，
必定可以看到此身外更瑰麗的國度。

揚州八怪金農與鄭板橋的獨特人格

清朝初期的藝術界也有著頗為尷尬的一段時期，特別是在江南一帶，這裡充斥著大批的明末名家董其昌的嫡系。由於政治矛盾的心緒，當時有一些藝界人士受到明代義士情緒的影響，流行的書畫風格都是以大自然風物和山水為主，主要的原因是希望能夠透過筆墨、丹青，在字裡行間抒發被異族統治的心情。在這時期，書畫界孕育、造化出了極具代表性的人物，例如弘仁、石濤、朱耷等藝壇領袖。其中的石濤，由於他有著明末皇室的血統，當時藝術界文人都以他為馬首是瞻。從此以降，有清以來不斷地代有高人輩出，像金陵八大家的作品，也都有別於有明以上書畫的風格。

在乾隆期間，江南地區的揚州也出現了所謂藝術創新派，後人稱他們為揚州書畫派。在揚州的藝術圈中，最為有名的就屬「揚州八怪」——高翔、羅聘、黃慎、金農、汪士慎、鄭燮、李方膺、李鱓。所謂的八怪並不僅僅只是八人而已，他們之所以會名重一時、獨領風騷，在於他們的書畫除了極具個人色彩之外，從作品中也反映出當時政治的弊端以及人民的訴求。從八怪之中的首領——金農的生平來了解，金農本來是錢塘江人士，後來落籍於揚州，他是一位特立獨行、從小天資就極為卓越的才子。後來又受到西冷名家丁敬的薰陶，使得他在藝術才學與內涵上更上層樓。只是金農的仕途生涯始終坎坷，受試不第，由於終年的鬱鬱不得志，只能放情於山水天地。再加上膝下無子，配偶早逝，更令他覺得人生無常，仕途無望，於是性情更顯得流蕩不拘。

我們可以從金農所畫的作品中，感受到他心中的無奈與落寞。由於他腹載五車，胸墨無限，文江學海頗受有清一代文人墨客的愛戴，於是被推崇為揚州藝文壇場上的領袖。或許因為命運撥弄，他中年也曾忘情於佛道之中，往返於江浙一帶的道觀和寺廟，託情於黃冊與佛像之中，因此在他的著作中也有極多佛菩薩聖像的繪製。金農除了擅長於作畫之外，也精通於金石篆刻以及古董收藏。他擅長於書法，對於隸書更是獨步於當時，筆墨的用法更是獨特難尋，氣勢萬鈞，力透紙背。金農在畫作上也堪稱是奇才，有別於當時傳統畫家，年過五十好幾之後才全力於畫作創作。但由於他的百龍之智及卓越的才氣，使他不但後來居上，更以他獨特的筆法、古拙的線條、奇異又鮮明的凝練墨色，令人耳目一新，難怪也曾洛陽紙貴，名重一時。

其實揚州八怪之中，在後來的歷史上，更受人爭議、名氣也不遑多讓於金農的便是鄭板橋。他成名的原因，並不僅僅只是他六分筆法的書法而已，而是他的行事風格和優美的人格很受當時人們的愛戴。在八怪之中，他也算是一位全才，歷經清朝三位皇帝——康熙的時候已初試啼音中過秀才，雍正即位期間他又中過舉人，到了乾隆當皇帝的時候，他也得到進士的榜位，可見他的學問沒有話講。

鄭板橋的一生頗具傳奇色彩，敢諫不怕死，不畏懼權貴，不怕丟烏紗帽，只要能作為百姓的喉舌，他都身先士卒、赴湯蹈火，甚至於敢和朝廷的頒令作對，因此雖然他的考運不錯，但是官運卻不怎麼亨通。他曾經在擔任知縣的時候，由於當時遭逢饑荒，他逾越權限，不顧同儕的阻擾，先把官糧借貸給老百姓，使得原本將要活活餓死的一萬多條人命獲得了救援。不但如此，他為了要讓饑民們有收入、有飯吃，假借名目修造地方，創造工作機會給大批的饑民。他完全不會畏懼自己的下場，只是不忍心看到人民受饑、受寒，無瓦錐之地可容身，這種視民如子的氣度贏得了不少的人心。更特別的是，他曾經怕人民寫了借條而有壓力，再加上那年秋天農作物收成又不好，百姓們蹙額愁眉、憂心忡忡，為了要讓民眾們放心地過冬，他揪合了民眾，把他們當初借糧所寫的欠條當眾給燒毀，這令當地的百姓更視他為神明一般地敬重。鄭板橋為官極為清廉，在他任內十幾年當中，沒有發生過任何一件弊案或冤屈。雖然他只是一員七品芝麻小官，但是在他擔任知縣期間，他的清廉名聲連微服出巡在外的乾隆都有耳聞。後來乾隆還特地到他擔任知縣的地方召見過他，事後給了他書畫史官的頭銜。

因為從不收取任何民眾的饋贈和金錢，鄭板橋到了晚年，一方面身無長物，更無積蓄，再加上平日裡對於飲食也不加講究，簞食瓢飲，因此到了最後健康不佳，感覺力不從心，無法再為民付出心力，於是辭官四處遊歷。他離開官場時，身上只剩下幾本書陪伴，最後落腳於揚州，隱姓埋名地煮字療飢，靠賣字畫維生，因此被當地人所看重，無論是詩、書和畫作，當時的揚州人們都把鄭板橋當成丹漆隨夢及鞍前馬後的佼佼者。

跌倒處勿停留　成功處疾走過

我和陳穀雷相識時間極久，雖然他年紀比我大上許多，我所上的一些課程，他一有閒暇便會出現，我心裡對這人倒是挺欽佩的。據我了解，他是四〇後出生，現在也近不踰矩的年紀了。他在一次的茶敘中對我說道：「老師啊！我的人生似乎只能用浮生如寄、福不盈眥來形容吧！只是可惜到了這把歲數，才覺得浪費了。這是不是就像古人所說的韶光虛擲、歲不我與啊！可是想想，我從年少起從來就沒有廢日曠時、玩日愒歲過，一直都是為家人、事業、夥伴而打拼……這一生中就如同電影情節般高低起跌，好的時候，我從未想過要揮霍、享福；低谷的時候，我也始終未曾逃避或認輸過。我療癒的方式就是跌倒時絕對不會趴在原處等著救援，或要他人來舔拭我的傷口，通常我都勉勵自己，於跌倒處絕不停留，於成功處莫做久留。這樣子已經悠悠忽忽七十年快過去了，現在我思考的已經不是名和利、去和留的問題，而是在人生的尾巴，思考著來這人生一遭，所為為何？以及要留存些什麼精神遺產給身邊有緣的人及後代？」

聖人們曾經說過：「你不能因為看到天上無端飄落的花雨，心中就充滿了幸福；你也不能因為路邊的枯木、稜石默不作答，就充滿了沮喪。」有些人已經習慣了在他的人生路途中，有一套排遣療癒自己的方式，當他中槍的時候，他會在踉蹌、蹣跚的步履中，順便仰望虛空中偶然飄過的雲彩，做為內心創傷的祭品。稍微堅強一點的人，不會急著起身，無的奔跑，他會從黑暗中等待黎明再現，就像死了丈夫的寡婦期待著晚晴一般。許多人無法接受命運低潮時期所遭遇的蠱毒，卻習慣於滿堂的喝采和掌聲，這就不是英雄的絕對、勇者的壇場。人最終的勝利是在生命終期時，可以瀟灑地坐看雲起。

王維的人生桃花源

這讓我不禁想起盛唐時的詩人王維，他也是一號文壇歷史上獨標鶚起的人物，一生中以進士之身，數度起落，如果心中無極深溝壑，很容易就會一蹶不振。像當初他把皇帝的妹子侍奉得嬌嗔立目，藉託舞獅之名目，一下子把他給貶到了濟州，吃盡了苦頭，將近五年的時間。

安祿山一度挾權作亂，他相中了王維的文采，把他如禁臠般軟禁起來，說是供他豪宅，其實不過是手中的玩物罷了！後來安祿山敗落，王維當然免不了其咎，又被定罪。總之一生宦途不順及被皇室操弄，導致家庭的不和諧，令他對感情也曾經心灰意冷，元配離世後，長達三十年的時間從未再娶。

我們從王維人生不順暢的過程，看見他從自己的課題中，受到的多半是他的精神啟蒙師——璇禪師，以及與他的母親過從承事甚密的大禪師——普寂大師的影響，對於他在人生極度灰色低落時，起了極大的安撫作用。現在連小朋友都會朗朗上口的一句「行到水窮處，坐看雲起時」，便是王維他體會了人世間種種變化滄桑之後的寫照。「中歲頗好道，晚家南山陲。興來每獨往，勝事空自知。行到水窮處，坐看雲起時。偶然值林叟，談笑無還期」，在這首詩中一覽無遺。當王維寫〈終南別業〉的時候，他的心境受到禪宗思想薰陶，對人世間的變幻無常，其實已經有了洞悉穿透的領略。雖然王維自署為居士，而且特別崇拜釋迦牟尼佛時期的大居士——維摩詰居士，仰慕他一派任運自在、心無長物的風格，但是反觀自己一生的寫照，他更加羨慕閒淡優雅、無拘無束的山野生活。踽踽獨行於樹林山壑中，他覺得這是他的歸屬，在這裡他尋找到了人生中另外的一處桃花源，於是從大自然的川流、虛空中的往來，他有所感悟，寫下了這首沮喪中帶有看盡人間煙雲快意的詩。

王維有別於一般落寞政客之處，在於他懂得且善於轉化心境，尤其受到多位禪師點撥之下，他把原本闇鬱的心情轉投於燦爛向陽的悟境。從他晚年所寫的詩句及「詩中有畫，畫中有詩」的禪境，那種超越人世間八苦的靈逸境界，足以療癒當下正在遭受命運撥弄的苦難靈魂。王維不但在禪的境界裡尋找到了自己生命的定位，也為自己在歷史的史冊上冠上了「詩佛」的名號。

在我們的生活周遭，其實經常會遇到許許多多熟識或陌生的過客，他們有的躊躇滿志，有的正在為稻糧著落處傷神，有的也還在感嘆著窮極一生疲憊不堪所承受的噍淚苦楚。我也曾經諮商過人生大起大跌的富豪，但等到他遲暮年邁之時，回首過往，心中卻有著連山千里、青雲難化的酸楚。大部分的人都覺得生命如果可再重返，他寧可當火花，而不想如虛空中乍現的流星，太過迅速卻無法點燃和照耀別人。

人生盡頭的臨門一腳

我欣賞陳穀雷的是，當某次大環境正在波動的時候，他的公司也和大多數的同業一般面臨了縮編或停止營業，可是他當時考慮到的不是自己，而是公司裡將近千名員工的家庭和生計。於是他把自己原本預留養老的基金和準備留給兒子的創業金，全都轉用在撐持公司，將近六七年的時間。這段時間，他很誠懇地讓一些老幹部知道時局的艱辛，要他們儘快轉行或改換跑道。年紀老大不小的員工，他就建議他們提早退休，並資助他們三分之一的退休金，令他們無後顧之憂；年紀較輕的，他運用關係介紹其他行業的工作。我也曾經從其他學生口中得知他如何地照顧員工，我深深地為他高格調的優雅品格覺得讚賞，這就如同他用陽光般的心胸美飾了自己的心窗，同時也裝飾了他人的夢。在如此千劫羈絆，無數人為生活營謀，營營苟苟、自私為己的當今，他卻有著如此的胸襟。這就如同令那些走在貧瘠窮困沙塵中的人們，突然間看到了春天的景象一般，或在浮世飄零的大海中把握住了浮木般，又重現天日，這種人少矣！如同萬劫難值的菩薩，這種氣度胸襟絕對不是走過幾座橋，行過幾處地，看過不同地方天空的雲就可以做到。這必須有著高段、如同太極高手走化極致的巧勁，才可做到的捨己從人。

所以陳穀雷每次來找我喝茶、談玄說妙的時候，我給他的建議反而是著重在如何讓自己更優雅從容地走完人生的最後臨門一腳。我告訴他：「人的出生，就是為了學習如何無懼地面對人生路途中，自己的業力所給予的習題，雖不能每張考卷都拿滿分，但最起碼可以從容不迫地答完每個問題。你不必要求比賽時姿態要多優美，你要在意的是能否跑完全程。人最要擔憂的是碰到問題就縮成一團，如同一毛錢就把一個英雄給逼死一般，這樣子的人生就像灰沉的天空，陰霾了大地的蒼生，這不應該是好不容易擁有暇滿人身的我們所應有的理念。由於你對人無私的態度，只要你保持好無有顛倒、從容不迫的心，當你一口氣將盡的時候，你必定可以看到此身外更瑰麗的國度。現在你要做的只是我從前教過你的，觀察自己每一個當下的心境竅訣，你便可以絕對地到達彼岸。」

03
風骨的重要

一個人若想徹底了，
連生死都能置之度外，
還有什麼可顧慮的？

千古風流人物白居易

中學時，因居住環境之故，從一位四川來台之私塾老先生學詩。老先生第一堂課對我所講的是白居易的一首五言律詩——〈賦得古原草送別〉。後來先生對我講解為什麼從這首詩教起？其實是有著鼓勵的性質成分在這裡邊。先生說：「白大詩人寫這首詩的時候，也不過才十六歲，比你現在稍長不多，你應該要及時看齊努力。」

從先生處得知，香山居士這首詩是為了應考所作，這是古代士子們應試時的規矩。聽說起初白居易拿著這首詩去請教當時京城中的一些高顯名士，許多人未見文章時，看到他一介初生之犢，不免也有戲諷之詞，但看了他的文章之後，卻都一反初時之態，大為激嘆「長江後浪推前浪」。教我詩詞的先生看法也一致，他說：「『離離原上草，一歲一枯榮。野火燒不盡，春風吹又生。遠芳侵古道，晴翠接荒城。又送王孫去，萋萋滿別情。』原詩不過才短短四十個字，而且是出自涉世不深的十六歲青青子衿之口，若不是曠世之才，絕對無法有如此老練世故之作。尤其那句『野火燒不盡，春風吹又生』，更是全詩中的詩眼。」

當時先生所說的，至今我仍然不敢或忘地有時憶起，這句話也許也成為白居易一生中的寫照。在他一生中，幾度遭受到當朝的誤解及罷黜，但他從未向命運低頭屈服過，甚至於他把自己視如小草一般，運用智慧和善巧，幫助社會群眾形成一股如春筍般青翠、向陽的正向力量，這中間充滿著許許多多溫馨化育、教化人心的題材。

雖然斗換星移、時移事遷，隨著年歲的增長，所學的不同，不再像如年少時一般浸淫在古人的詩詞舊紙堆裡，但在我內心，總還是裝載著幾位令人難以忘懷的詩魂風骨人物，像是白居易。那些膾炙人口的詩，偶爾還是會令我玩味無窮地低吟著。

我也很容易因為一位人物的品味，影響到對於其作品的投入。白居易成名極早，二十出頭的年紀時，在鄉里、縣城及民間便時常傳頌著他的詩作。之所以能夠如此，除了與生俱來的天分外，也和他個人的苦讀個性極有關連。他習慣在白天的時候，把當天要理解的詩文先抄錄下來，到了夜晚便夜不著席地苦苦讀誦。每晚睡眠的時間極少，因此經常引發亢陽，肝火鬱盛，導致舌頭、嘴巴到處長滿瘡孔，連飲食都有困難；又由於長時間踞坐案前，二十幾歲脊椎已經無法正常挺立。周邊所有少年學子雖然也有埋首苦讀的案例，但他們也會安排閒暇時間做些消遣和玩樂之類的情事，這對三十歲前的白居易卻是絕對不允許的放浪。也因為如此，二十七歲左右他便得到了進士的功名，而且被拔擢成為狀元。唐憲宗對其文采極為嘆賞，便封他校書郎的官位，那時的白居易可謂是彈冠相慶、雲程發軔般地受到朝廷的提升及百姓的崇拜，簡直比現在的偶像明星還要受人矚目。

白居易原本認為這片舞台是恆久不變的，再加上自以為憂國為民的豪情，曾經殫盡心思，招集各方民情，多次書文獻策於聖上。初期憲宗皇帝倒也勉強鼓勵讚言，但也許是太過年輕，加上一路來的平步而上，他沒想到，也忘了從古至今的為臣之道，及如何察言觀色和謹言慎行。那時的白居易還雷敕風行地抒發時弊，抨擊朝中豪貴，用他的不世之材舉發貪吏、嘲諷時政。或許他探頭太過，忘了身分，有段時間他最好的朋友得罪了當紅宰相，他也因此受到牽連，此時白居易尚且還鬼摸腦殼、心竅不通，沒有摸清當朝的思路，最後連唐憲宗都給惹毛了，於是他從當紅急轉直下，最後還遭受到流放的悲慘命運。他的母親也因為精神異常，墮井身亡，再加上婚姻的種種不順，家庭事端不斷湧現滋生……白居易他亂了、慌了，在這時卻眼看著昔日追捧著他的朝中大臣，轉而趨炎附勢，把他給誣害下坑，讓他體會到人情的冷暖、世態的冰暗。霎時間從綻放的星辰跌落到暗障的深坑，情何以堪？誰能夠？

學習回魂草絕後復甦的韌性

陳卓發是早期我認識的一位香港學生，由於他廣東人豪氣及率性的個性，再加上一方面他年紀長我許多，另一方面，我素來都依個人的特性佐以不同的輔導主題，因此，我始終保持一種亦師亦友的心態給予他建議。陳卓發的先人早期是靠批發皮草起家，在銅鑼灣和尖沙咀各擁有七八間舖子，他不喜歡先人的產業，所以就把自己的權利全數轉賣給其他兄弟。

當時正值七〇年代末期，他和幾位朋友合夥的製造業公司，剛好正趕上香港由貿易港口轉型成為蓬勃發展的工業特區，他在那段期間做代工及貿易賺了不少錢。但之後由於勞工和薪資的問題，使得股東之間產生了矛盾，其中一位股東聯合外資想把陳卓發的股權全部收購。陳卓發後來發覺這名股東其實早在幾年前已萌發異心，公司會計主管告訴陳卓發，這位林姓股東兩年前就經常假借其他名義，向他調閱公司的財務報表和帳目，問了些奇怪的問題。原來他早就內神通外鬼，想把陳卓發的權力和位置架空，甚至於還用些莫須有的理由請律師發函恫嚇陳，搞得陳整天心神不寧，無心公事。某一天，他從香港打了通電話給我說：「老師，過兩天我出差到台北，想去看看您！」

當時正好是清明假期，我記得很清楚，陳卓發來的時候，可能在一段時期的身心交瘁之後，一到台灣因為放鬆的緣故，突然間血壓飆漲，在飯店裡面還差點昏了過去。陪同他的人急忙打電話來詢問該如何處理，正好有位學生是內科醫師，我就夥同一起去了當時忠孝東路的三普飯店。

到了飯店，只見陳臉色蒼白，疲憊無力地癱臥在飯店的床舖上。看見我來之後，他趕緊要欠身向我打招呼，我急忙叫他不用起來。

「怎麼回事？怎麼會把自己搞得這麼狼狽？」我問他。

「老師，我從來沒有對人性這麼失望過，我把心肺挖給對方，對方不領情也就算了，還嫌我臭！背後捅我！幾乎要置我於死地！人怎麼可以做到如此？我真開了眼。」陳卓發氣咽聲絲、氣息奄奄地氣憤說道。

「從前我就提醒過你，此人腦後見腮，他日必反，你要當斷則斷，不能有婦人之仁，否則會有後患，你看吧！」我語重心長地提到幾年前對他講的話。

「唉！只怪我太相信……太優柔寡斷……」

「現在最重要的是你要去面對目前的困境，絕對不能被他給打趴，是漢子就要在跌倒處重新整裝待發，沒有悲傷的權利。你沒問題的！重頭再來吧！」

我和陳卓發談了約莫一個小時，看他漸漸地恢復了底氣，臉上的表情也不再那麼地僵硬，我就對他說起從前也曾經遭遇過一件挫敗的親身體驗……。

「當時我的道家師父跟我說：『你知不知道？天生萬物都有被賦予的任務和功課，但最重要的是，無論你遭遇到多嚴重的打擊，都先不要驚慌失措或感到天要塌下來一般，絕對不要這般地脆弱！我從前在學道的時候，每天早晨都會到山區的山頭上到處尋找藥草，用來製造丹藥或藥膏。從數百種的野生植物中，我發現有一種不可思議的草，這種草即便它身上已經完完全全沒了水分，乾枯縮成一團，但是當它任由風吹，飄零到有水分的地方時，很奇蹟地，最後它又會重新甦活起來，在那片土地上展現全新的風華。等到土壤乾枯，它又會完全地枯萎，緊縮成一團，再度隨風飄零地擇地而居，遇水則發，又是一個生命的開始。

『我從這株草葉子上得到了極多的啟發，中國人管它叫回魂草，意思就是說它有種強韌的生命力，永遠都不會被大地所有的變化而影響。起初山上也沒有人注意到這種草的奧妙，通常只會把這種草拔起放在陽光底下，曬乾之後，用來敷療外傷或傷口極為有用；熬成藥汁服用，也有活血化瘀的功效，其實對於練武和靜坐的人是很重要的一種藥草。我就曾經做過實驗，對於這種草做追蹤，發覺同樣的一株草，竟然可以死死活活經過十數回，真是不可思議！」

「當時我較年輕，處事較沒經驗，碰到了事情難免會杞人憂天，我的師父對我說了一句話，我覺得挺受用。師父說：『你不要去看現在所失去的，而是要去檢查你身上有沒有別人所沒有的。你看土地也是要經過千百回承受人們所丟棄不要的東西，甚至於是所有人最骯髒的糞便、排泄物，它才能滋養出肥沃的油田和茂盛的植物。老天絕對會給每一個人留一條道路，任何人只要他不放棄自己，不要說一次的機會，多少次的機會都是可能創造出來的。你看那回魂草，在人世間無人搭理，憑藉著一己的韌性，絕後復甦，多有生命力！人是萬物之靈，就這麼一點鈴鐺小事就沒了，怎可算是鐵骨銅樑呢？』」

針對陳卓發所發生的個人事件，我給了許多參考和建議，前後大約聊了近三個小時，最後他心中大抵已經有了方向，也知道如何去處理與面對他現在所處的窘境。

如果有專門研究白居易的詩詞愛好者，就也會順道去了解白居易。他一生中宦途上的起伏與落差何其地大！尤其到了中年，原本無論是在朝中、鄉野，他都是處尊居顯；在文壇上，更是如北斗之尊一般受萬人所景仰、歌頌、仿效的對象。可是一夕之間遭貶、受諷，反對黨杯葛踐踏有之，試想一般人如何能過？但是白居易心中卻在此時轉了個彎，自忖不與萬法為侶的唯獨自心罷了！自己的心若是可以做到名利、權勢一放全放，自然普天之下自己最大。

一個人若想徹底了，連生死都能置之度外，還有什麼可顧慮的？白居易那段時間遊覽湖光山景，在白雲穿身飛越的山嵐處穿梭，在飛泉走石、層層水瀑間瀏覽、棲息。他要的，僅僅是可以讓自己和詩友們煮茶談天的畝園之所就夠了。白居易自己說：「現在我的心境，只要有一潭泓水的池塘，屋後有墨竹為伴，庭前有松樹幾株陶冶，余願足矣！詩感來時，下筆立就，丹青附畫，竹弦之樂時而有之，人生至此，樂境一樁，夫復何求？」

讀歷史的好處，除了鑑古知今外，重要的是可以學習古人的風骨及行止。許多人在順境時，都可以做到所謂「雲淡風輕近午天，傍花隨柳過前川」般的輕鬆灑脫。可是一旦運勢衰頹或遭逢困頓，便一改風雅之態，潦倒無法自已，這就不是一般丈夫所為之風骨。

在歷史中，我見識過多位具有君子風格的大家，其中張九齡便是一例。也許在歷史的轉輪裡，張氏早已讓世人無所憶想，但不可否認的，在唐代那個風華卓越的年代裡，可以令玄宗皇帝至死都追悔、憶念難捨的也只有他。張九齡是用什麼樣的一種個人魅力，可以令天子至庶民都為之傾倒，幾乎舉國上下皆是他的粉絲？原因無他，「風骨」而已。這兩個字唸起來簡單，做起來不易，因為它是象徵一個男人內外氣度和格局很重要的來源。

歷史上對張九齡的形容說道，他為官可以做到一沐三握、一飯三吐、為民忘己的地步。但是從外表的舉止上，從未有人看過他有驚慌失措、進退失儀的態度過。他始終一派斯文，從容不迫，吞吐自在，而且愈是突如其來的巨變，他反而可以泰然自處，幽默以待。所以整個唐代的安史之亂表現得最可圈可點的，也唯獨只有張氏一人而已。即便在他任職宰相之時，由於他的睿智改革，牽引唐朝走向昇平安樂的局面，他也是一派任運自然，從不居功。後來雖然他失勢下野，無官一身輕，他也從未埋怨過任何人。像如此一般的謙謙君子，一人便可成萬，也只有寥寥如麟毛的張九齡而已。

一個人浮擺於人世間數十寒暑，成事也罷，落魄也好，如果可以做到進退之間胸有溝壑，處事之中不失風度，最起碼也可以稱得上是一名不失節的漢子。

04

任他境界萬千 只覺胸懷一片

他一直有個信念——做好自己。
不管遭遇到任何的變化，
就是用這個信念去行使……

以史為鑒
陳友諒與朱元璋的殊死之爭

從歷史的角度來看，平心而論，明代的江山原本應該是屬於陳姓的天下，以當時天下人的看法，民眾心目中的盟主也都是以陳友諒馬首是瞻。陳友諒出生未必可圈可點，但終究也是位胸有韜略的義軍首領，曾經當過地方官的身分，再加上有企圖心想要整頓時弊、融合各部地方力量，著實令蒙古人極為頭痛。在那段歷史上重要的日子裡，幾乎人民都參與了戰爭，天下的局勢主掌在韓山童、郭子興、陳友諒和後起的莽雄朱元璋，分別鼎立在安徽和南京等處。在陳友諒和朱元璋還未成為氣候之時，紅巾軍是最重要的一股主流，徐壽輝還曾經一度被沐猴而冠，戲劇性地登上王位。陳友諒就是在這般山中無老虎的局勢中，羽毛未豐卻被徐壽輝延攬重用為大元帥，最後利用權謀奪取了王位。所謂狼子野心、弱肉強食的戲碼，在陳友諒和徐壽輝等人之間上演得極為鮮明。

在一段時間中，陳友諒憑著自己的雄心和戰略，併吞殲滅了異己，和張士誠、朱元璋形成三國鼎立的局面，這三張旗幟為了各自的野心，在長江一帶進行了無數次的激烈戰役。最後歷史性的一刻——原本陳友諒信誓旦旦地認為一舉便可以擊潰朱元璋的部隊，大獲全勝，但一三六〇年集慶一役，竟然大出預料地慘遭滑鐵盧！在那一次的戰役中，朱元璋如有神助般地反敗為勝！當朱元璋站立在巨艘元帥指揮艦上大呼「天助我也！」的時候，此時的陳友諒只能棄船，沒命地由人護送逃離現場，喬裝走陸路直到安心之地。也許是因果不爽吧！陳友諒對自己有恩的將帥不義在前，最後連他妻子的下場也是落了個自殘了斷，真是令人不勝唏噓。

陳友諒逃離戰場之後，過了一段時間的整軍待發，他伺機想要再和朱元璋決一勝負。但是最終在鄱陽湖還是徹底地失敗，只能眼睜睜地看著一艘一艘的戰艦擱淺在無情的大海中。這時，他只能黯然神傷地直呼「罷了！罷了！天絕我也。」至此，陳氏的野心終於徹底地塵封，再也難起爐灶。最後，只留下墳前的一闋《水龍吟》，及朱元璋虛情假意所撰的「人修天定」之題詞。

朱元璋在大局底定之後，大宴功臣於滕王閣。滕王閣是唐代開國皇帝李淵的第二十二個兒子李元嬰所建。在李淵的所有兒子當中，就屬李元嬰最有藝術方面的氣息，對於園林造景、繪圖和一切藝術相關的創作，他都有極高的天分，這也成為他日後萌發建造滕王閣構想極重要的起源。當然這和當時李元嬰受封滕王的爵位也有些許的關係，因為當時他主宰都督之職，這處宅第是他的別墅，所以就取名為滕王閣。

奇才王勃的絕妙好文與樂天知命

由於滕王閣是一所歷史上極為著名的宅府，再加上所處地緣獨特，歷朝以來著名騷人墨客、文人雅士都曾為之賦詞著文，例如韓愈和明清各代文人皆有讚文撰寫。這座滕王閣雖然歷經二十幾次的修葺，期間也遭逢過數度祝融之禍，但在中國歷史上始終占有絕對的地位，特別是在文化和藝術上，影響後世至深。

這座位於南昌，極為鮮明的地標建築，雖然歷經無數次的翻修和修造，但只要是中國人，幾乎都難以忘記當初為滕王閣做記錄和描述序文的那位神童——王勃。王勃當年寫《滕王閣序》時，才十四歲不到的稚齡。關於此文落成，前後歷代各有軼聞傳說不輟，大抵所說王勃隨其母舅從遊時，逢一老者，容貌衣著異於世俗。王勃知其為神人，於是拱手作揖，聽其所示後，如有神助般，著就序時無法自已，行雲流水。

當時與會之眾多是仕紳名流、王公高顯雲集，那時的府帥見王勃為一黃口毛孩，睥盼之，令人授以筆墨。王勃一副初生之犢，無視於席間一切長者，不假思索出筆頭兩句寫道：「南昌古郡，洪都新府。」府帥看了之後搖頭笑笑說：「這不過老生常談！」接下來又有人來跟府帥提報王勃所書下句「星分翼軫，地接衡廬」，府帥也不以為然地說句：「這只是故事而已。」就這樣子洋洋灑灑，觀者從剛開始的藐視到最後的嘖嘖稱奇，是王勃寫到了一句「落霞與孤鶩齊飛，秋水共長天一色」時，府帥再也遮掩不住內心的澎湃，不顧自己的身分，大聲地說：「此乃天才也！」

上天似乎對於天縱之才有時也無法給予特別的眷顧，東方的王勃恰如歐洲的拿破崙和希臘的亞歷山大。亞歷山大雖然只活了三十二年，但是他不到三十歲時，已經征服了全世界大半的版圖，最後英年早逝於巴比倫，飲恨於終身無法占領阿拉伯的偉業。拿破崙也是來到這個世界上，示現平地一聲雷般稍縱即逝、火光電石、短暫的一生，死的時候也才五十二歲。但是在縱橫歐洲的時間裡，他鐵蹄所到之處，幾乎所有的人畜都會為之心悸。

難道說天下的天才及雄才只要才氣稍微過顯，就會遭天所嫉嗎？王勃從弱冠時就被掛上神童的美譽，十歲起只要睹物，他便能七步成詩。他的一生充滿了傳奇及起伏，年少時的生平事蹟幾乎到處被傳頌，成了傳奇性的人物。就連他所寫的詩也可以降伏水神，救人於難，連神人也可以為其助行，成就了《滕王閣序》一文，十六歲就以一首頌文當上了朝廷的官吏。

他的人生本應該至此開展出閃爍燦爛的史篇，不料原本無意所寫的一篇感恩之文，卻觸怒了唐高宗，從此以後，王勃的一生頓時從雲端跌入到無底的深淵之中。二十一歲時，落魄流放在外的他，本來想要為自己的人生爭取到另外一次的春天，沒想到因為一件殺人事件，王勃被判了死罪。雖然事後運氣好，被改判有期徒刑，但這個紀錄就夠他黑了大半生。在這段黑暗的日子裡，連他最鍾愛的父親也因為連坐，被遷往鳥不下蛋的地方，永無出期。

或許來自於稚齡時對於《易經》下了極大的用心，在王勃落魄潦倒、慘澹的過程中，唯一伴隨他的就是滿腦的爻數和了然於胸的《周易》章節。所謂日有所思，夜有所夢，某一天活該他應轉運，一晚孔夫子親臨夢中，對他提示了幾句話。從此以後他文思泉湧，靈感不斷，寫出了多篇曠古爍今的《周易》奇文，這對日後研究卦術的學者有著莫大的助益。除此以外，他也沒有因為自己的遭遇而放棄自己，或任由造物的作弄而自暴自棄。他反而在這段期間，專心潛修於道教和佛教，並藉此讓這位慘綠落魄的少年得以從經史黃冊中重新點燃了對生命本始的熱情。也因為如此，王勃的一生中，無論是在道教或佛教方面，都留下了極多啟發人性、啟聵發聾的文章，讓許多徘徊於人生十字路口上的人都重新有了方向及正確的方針。

王勃雖然落魄了很長一段時間，但由於他的達觀和樂天知命的個性，他從未放棄過自己的志向。後來唐高宗在偶然的機會裡，看到了他那篇《滕王閣序》的奇文，唐高宗邊看邊拍案叫絕，召來身旁的執事太監說道：「國中有此奇才，是國之大幸！從前是我眼昏看錯了，趕緊召他入宮來見我。」唐高宗怎也沒想到的是，這位天才早已不在人世間。

王勃以他一身的才學，雖然因為年少輕狂和無知，得罪了當朝，冒犯了天子，再加上命運的作弄，令自己繫上了死罪，但在監牢中的那幾年，他從未停止過創作及思考國家的興盛之道。他經常引用《周易》裡面的卦理勸人行善，同時也撰寫了佛道相關的警世詩文來造化人心，匡扶鄉里，不會因為成為階下囚而自怨自艾，或和囚友同流合污。值逢大赦，他也不會一時忘形，放浪形骸於外，反而更汲營於勸人向上從善的志業，這便是不簡單的一件事情。

現在我們無論在聽貝多芬當年所寫的交響曲或鋼琴協奏曲，還是聲樂方面的作品，完全無法聯想到這是一位耳朵有殘疾的音樂家所寫的曲子。但是實際上貝多芬在他三十出頭歲的時候，健康上的頹勢一直侵擾著他，加上藝術家浪漫不受拘束的個性，增添並且加速殘害了他早夭的命運。那段時間他身上感染了諸多病疾，包含不為人知的隱疾，但他不會因為這麼多的惡疾纏身就放棄了熱愛的音樂，反而比過往更加融入賣力，用他多感的心去傾聽生命所創造出來的聲音，也因此創造出多首流傳千古的不朽之作。例如〈歡樂頌〉，可說是以創世紀的方式把古典音樂最具有靈魂的樂章表達得淋漓盡致。他也因為疾病帶來了自省式的謙卑，進而發展出另類悲天憫人的創作特色，為他後期的創作注入了大股的正面能量。所有的人聽到他療癒的樂章時，不自覺地都會從內心深處喚起如陽光般的熱度，再低迴的人也會藉此獲得了喚昇，再混濁的心也會因為聽了他清淨聖潔的旋律而獲得淨化，從中尋找到正面的道路。雖然最後他全身充滿了病痛地離開了這個世界，但是他創造音樂的生命卻永垂不朽地遺留人間。

走出境界萬千的考驗之路

陸嬴賀是我早期認識的一位老兵在台另娶一名台南女子所生的小孩，他的父親叫做陸奇，嘴裡操著極濃的鄉音，附近鄰居都叫他老芋仔，黝黑的皮膚，孔武有力的外型，這或許和他出身行伍有關。陸奇在萬華區設有一間賊仔市舊貨店，這裡被稱作賊仔市，應該從五〇年代左右開始，早期從現在的桂林路一直到龍山寺附近，都有這類的小店面，約莫有近千家吧！後來隨著時代的變遷，漸漸地這個地區也式微消退。這裡所賣的東西琳瑯滿目、林林總總，特徵就是低價位，但許多貨品都是來路不明。從身上穿的外國進口T恤、磨得發白的牛仔褲、小電視機、小冰箱、收音機、電風扇、皮襖，甚至連軍中的軍用品、水壺、迷彩衣……都有，儼然是當時大台北地區最著名的舊貨市場，這裡也可說是當年美軍顧問團在台時，所發展出來的另類文化。我的童年記憶裡，也曾經在這裡買過兩三部幸福牌的腳踏車。時光荏苒，往事縹緲，這裡也給不少中生代的人留有許多難忘的時光及回憶。

陸奇用他靈活的腦袋、能言善道的如簧之舌，那段時間裡，他的店鋪曾經多達五六家連鎖店，由他本省籍的老婆和一男一女兩個小孩幫忙看店。這陸奇還有一本事，他年輕時喜好拳腳之術，因此結識了各路英雄人物，也練就一身好功夫。據說他還是早期拳術大家董海川的嫡傳弟子，他的八卦拳耍弄起來虎虎生威，另有一番氣勢。那時我已追隨武術名師習武多時，所以偶爾我也會到陸奇每早在老松國小教拳的操場湊湊熱鬧。假日時，陸奇也時常把他尚在讀小學的一雙兒女帶在身旁，隨著群眾操耍拳術。當時跟他習拳的人數也算頗多，約莫有百來人吧！陸奇就依著門徒和附近的地緣關係，造就了他川流不息的舊貨生意。也許也是他經營有術，沒多久他就和幾位嫻熟電器的門徒利用現有的電器舊貨品，再加上組裝的電視機、手提收音機等等電器用品，陸奇依他幾年盈餘的錢，雇用了本身就懂電子和電器的專業師傅，成立了多家電器行，這讓他賺了不少錢。

陸贏賀和我年歲相差不遠，居住的地方也只相隔兩條巷弄，他承襲著父親靈光的腦袋和三寸不爛之舌，加上外表長得也頗稱頭，高中時期就聽從父親的指示，讀了和電子相關的專業學校，準備繼承家業。他對電器也算有興趣，對於新產品也懂得研發，漸漸地隨著時代的需求，他的公司研發出來的機種便形成了自創的品牌。就在他服完兵役之後，安常履順、順風順水地賺了不少錢。他秉性還算善淳，平常也喜歡看些歷史和因果方面的書籍，他也知道我有時會受邀講授些課程，於是在徵求我的同意之後，經常有閒暇便隨班從學。有時他也會把經營的現況告知予我，希望我提示一二，倒也還算是一位謙沖有禮的生意人。

隨著年齡的老去，陸奇把自己一手創辦的公司交接給了他的兒子陸贏賀。陸贏賀為了要讓經營更加上軌道，也去上了一些行銷課程、財會課程。沒幾年的時光，公司在他手上經營得頗為火紅，公司員工和生產線也達將近千人的規模，這時的陸贏賀應該是人生中光焰萬丈、意氣風發的階段。但所謂人有旦夕禍福，天妒英才，就在公司營運最上手的時刻，也許因為交際應酬過多，或常常為了研發產品和為公司拓展業務的因素，搞得日夜顛倒，長期睡眠、飲食不正常，這期間他曾經兩度暈倒在公司。過了幾個月，他更經常性地流鼻血和發燒不退，全身起疹子，奇癢無比，也常常和人講話講到一半就睡著了。他的家人幾次催促他去做身體檢查，他都不以為意地推說公司忙，不予理會。

就在某一年的臘月前後，他又昏睡過去，同時伴隨著高燒。過了將近十天，吃任何的感冒退燒藥都不見好轉，這才引起了他的緊張，就去住家附近的大醫院檢查。當醫生告訴他，他得了淋巴癌，這訊息讓他猶如晴天霹靂，一時之間天旋地轉！腦海裡盤旋著許許多多霎時跳脫出來的問題——公司的營運、小孩、老婆、家中的老父……令他眼痛耳塞，想到這，他不知不覺打起了寒慄，只覺股戰脅息、膽戰魂驚，乍時跌坐在沙發座上，不知如何是好。

「老師，您兩年前對我講的話，現在終於應驗了。我現在很無力，心如懸旌，六神無主，腦子轟轟作響，不知老師是否可以安排個時間，我過來看看您？」陸贏賀在一天下午時分打了一通電話，沒頭沒腦地就說了這一段話。我還沒弄清楚到底發生了什麼事，心想等他來了再說。

「我下午沒約人，你隨時可以過來！」

於是我們就約定了當天下午五點鐘，在我當時的一個講堂會面。

「你坐吧！說說看，到底發生了什麼事？」

此時的陸贏賀一改常態，平常來見我時都穿扮得十分得體、時尚，極為光鮮，但今天任何人都感受得到他身上那種強烈、冷颼颼的負面能量磁場，臉上顯得有些慘白，兩眼無神茫然地看著我，似乎一副驚魂未定的模樣，可見人還是脆弱的。在人前和員工的眼底，這位大眾的衣食父母，平日是如何地受人肯定，但眼前的他就像個無辜又驚嚇的小孩，急需要大人對他呵護及給他一個明確的指示。我靜待著他的發言。

「我被醫生宣判得了淋巴癌，但事情太突然，心裡沒有任何準備，接下來不知道如何去安排自己往後的日子。老師應該記得兩年前，我為了一樁合約的事情來請教過您。當時您說了幾句話，我記憶猶新，您說兩年後我的人生會遭受到一個很大的衝擊，並且和生命有關。老師還勸我不要太累，少應酬，菸酒儘量不沾，保持健康的生活型態，最重要是不能給自己壓力，要不然這個關卡很難度過。」

陸贏賀說他當時並沒有太大的想法，這件事情就這麼過去了。而這次當他知道了醫生給他的訊息之後，他馬上就想起這件事情，心想一定要趕緊告訴我。陸贏賀雖然小我幾歲，但他對於國學、儒家思想、歷史人物、中外哲學這類的書籍也極有興致研究，常常會提問相關的問題。後來因為大家都很忙碌，他來上課的時間也比較沒那麼固定，但他如果有任何公司或私人問題，都還是會和我會面，請教我的看法。

「現在你的問題不是探討命運就可以解決，現在是你必須跨越身心靈，用另外一個新面向去看待你接下來所要面對的問題。」

許多人當他遭遇到生命攸關的事物或突如其來的人生衝擊，一時之間大半都會潰躺在生命脆弱的泥巴中，無法不受沾染。有的人甚至把一切的問題推卸給身旁的人，或者因為怪罪他人而讓自己的人際關係陷入愁雲慘霧之中，我經常碰到這類的人。正所謂「悲火點心苗，愁雲壓髮根，烏雲山中千堆愁，跫聲心泣助愁思」，不管男女之間的問題也好，現實財資的問題也好，或者是現在眼前的陸贏賀所遭受到生命存續的問題也好，有時真的著實會讓人有種無可掌握的惶然，就恰似「搖墜幽恨無處尋，無從阻斷新愁路」一般，傷人心神……。

「贏賀，我有幾句話對你講，一路走來你都以師禮待我，但其實我對任何人壓根從來都沒有這樣子的身段，更何況我們這麼熟了。可是無論任何的關係，都沒有辦法替代你去面對現在及未來心中所要獨自承受的一切，所以你要有比經營公司的堅強度再增加多倍以上的信心，才有辦法轉化你眼前的問題。

「很巧的，幾個月前我認識一個人，他本來就有癌症，而且不是只有一種癌症，他是胃癌和肺腺癌，而且已經和他共生共存七八年了。你要知道肺腺癌很頑固，存活的機率其實很渺茫，但是他居然可以不抵抗它、不阻止它，只用一片自然愉悅的心與它相處。他照樣經營公司，而且就在他得癌症的期間，讓公司的股票上市，還經常性地出國旅遊。他如果沒有對別人說，根本沒人看得出來他是生病的人。他只是配合醫生做他該做的，從來不會多想，不擔心、不懷疑，他說這是支持他走下去很簡單的一個信念。不管做多少次的治療，他不會因為藥物的反應而產生煩惱心，每天晚上他必定在書桌前抄錄我給他的《心經》臨摹字帖，碰到任何的痛楚，他抄寫得更用心。配合我教他的站樁、靜坐和數息方法，很奇蹟地，他就一個關卡、一個關卡地度過。現在他雖然已經度過了危險期，但是心中也沒有太多的開心或想法。他一直有個信念——做好他自己，不管遭遇到任何的變化，就是用這個信念去行使……

「我覺得你的狀況比當時的他好太多了！有些方法我可以告訴你，但是你要練習做到我當初對他所講的一句話——『任他境界萬千，只覺胸懷一片』，你要特別用心去體會。我沒有什麼可以鼓勵你的，但這句話如果你懂得善用，它會很好地陪伴你走過慌亂不安的生病初期……」

那天我和陸贏賀足足談了三個多小時的話，連吃飯時間都忘記了。但感覺得出來，他可以很清楚地知道，他應該如何去面對往後的日子……。

05

大仲馬對我的啟發

我們的念頭及潛意識，在每一個剎那中，
也都是像不死的靈魂一般，無盡的生和滅交替，
直到你頓悟為止。這，就是人生。

汲取精神糧食的書中黃金屋

猶記得在那段白齒青眉的慘綠少年時期，特別熱衷課外讀物，像是西方的一些文豪作品，例如但丁的《神曲》、歌德的《少年維特的煩惱》，還有英國浪漫主義始祖拜倫的《唐璜》，當然更少不了莎士比亞的鉅著，幾乎他所有的著作我都看過。在那段時期，泰戈爾的短篇和長篇的小說也都曾涉獵，特別是《摩訶摩耶》，另外還有托爾斯泰曾經風靡一時的《戰爭與和平》和《安娜．卡列尼娜》。高爾基，這位蘇聯著名的詩人，可說

是無產階級代表的首驅，也是蘇聯近代文學最重要的始祖之一，他的自傳作品我也都字字啃食過。此外，最早期十四世紀著名的薄伽丘，我也曾徜徉於他筆下的《十日談》中，在那些青年男女們輪流講述的精采絕倫故事裡廢寢忘食。

說起文學史上最著名的現代小說，當屬西班牙小說家塞凡提斯的《唐吉訶德》，對於懵懂未知的青少年來說，唐吉訶德的幻夢和主角想要掙脫世俗的壓迫，追尋內心的自我，應該是這時期最佳的讀物。法國文藝復興時期最著名的哲學家代表蒙田，他的著作《隨筆集》對於哲學思潮上有極深的啟迪作用，如果有先讀過早期哲學家的著作，再讀蒙田的這本書，將有嶄新的收穫。美國人把愛默生視如西方的孔子，有一段時間我為了要研究他的思想，也曾深入看過他所寫的幾篇小品文章，例如《經驗》，愛默生的寫作風格其實頗受蒙田的影響，並且也間接影響到他宗教上面的信仰。義大利的桂冠詩人佩脫拉克，因為提倡古典文學，和但丁及薄伽丘被尊稱為十四世紀最重要的三大家，他的十四行詩至今仍清供在我的書齋。

那段時期裡，我除了狂熱地蒐羅讀看西方所有文學家及小說家的數百種作品之外，連中國近代小說家的作品也不放過。印象深刻的包括謝冰瑩的《女兵自傳》、琦君的《橘子紅了》，以及曾經擔任過《大華晚報》主筆的鍾梅音，她一生中為女性作家提倡了極佳的創作典範，我曾經看過她的短篇小說《遲開的茉莉》，極為欣賞她細膩有致的筆法。林海音所寫的《城南舊事》也曾經影響了大量年輕學子，激起他們對於寫作方面的熱忱，她創辦的純文學出版社在當時的台灣算是極為重要的出版指標，這個出版社所出的文學類叢書我幾乎都有蒐集及讀閱。徐鍾珮的《餘音》也曾經伴隨我度過暑假美好的時光……九歌、洪範、爾雅等出版社，從初期到後期所推出的文學類、小說類、叢書類的書籍，我也幾乎都沒放過。

後來讀看到連小說也幾乎每一位名家的作品都幾乎曾品賞過，如臥龍生的《素手劫》、《玉釵盟》和《仙鶴神針》。還珠樓主也是我極為崇仰的小說家，他的作品只要是坊間有的，我也都兼收並蓄，收藏讀閱。主要是因為他有別於一般的小說家，他的文學底蘊極為深厚，並且廣泛地閱讀儒釋道三家的學說，除此對於武術和山醫命卜無一不通，所以他的小說讀來別有一番常識的收穫。他的《蜀山劍俠傳》影響所及，到現在無論是電視、電影仍然可見。還珠樓主對於近代小說家可說影響鉅深，如著名的諸葛青雲也曾經是他的私淑弟子……很多年的時間，我幾乎浸淫、濡染、含咀其中，深深地難以自拔。不過其間也因為文字因緣而和上述之中的多位前輩，成為日後的金蘭之交，並且在文學的世界裡惠我良多。

在這些憶述中，還未提及的其實太多，難以述盡，尤其是西方的近代文學家、小說家中，還有許多是我私仰的大家。像雨果的《悲慘世界》，他傾其思慮和才情，用了十七年的時間，才把這部反映寫實社會的小說醞釀並且脫稿。這部小說剛應世的時候，引來了不少的罵聲，可是並沒有影響到它的暢銷，甚至舉國之中都在討論其中的情節。

這本書後來翻譯成不少多國譯本，並且在電影、歌劇舞台、各類表演節目上不斷流傳至今。我個人對於雨果把情感融入於精練的文字造詣極為讚嘆，在近代的文學家中，除了大仲馬外，還很難可以找到與他銖兩悉稱、並駕齊驅的人選。文學家及小說家最重要的使命是透過文字為民喉舌、反映時弊，並且要有悲天憫人的胸襟，用文字及內容教化人心，這點是很重要的。

徜徉在大仲馬高超的小說技藝

無可否認，對於西方文學家的思想，令我可以進一步用心思去研究、探討的主要原因，是我當初看了大仲馬的《基督山恩仇記》開始。以一個小說家可以把整部故事情節布置得如此細膩緊緻，本身就不多見，光是書中情節裡面那些交錯複雜的人名，若不是有心人，應該看不到一半就會打退堂鼓。故事中的編排內容，反映出人性的犬牙交錯和悲慘人生中不同階層的暗潮洶湧，陰暗面的明爭暗鬥。若非是有纖細的情感、豐富的想像力，一般作者不會選擇如此的題材讓自己傷腦筋。

大仲馬寫作的技巧，除了善於把自己所處環境中的不同人物刻劃反射出時代的癥結外，他也極善於運用成熟洗鍊的文字，把受壓抑的人們無法抒發的情感，表露在書中主角和不同的人物上，令書中人足以淋漓盡致地得以抒解，《基督山恩仇記》就有類似這般的意涵。仔細研究此書之後，應該就會體會到大仲馬的用心良苦，指引人們在人生中詭譎變幻、無法測知人性善與惡的狀態裡，如何讓自己不受干擾和影響——必須是在大死一回之後所獲得的重生，才是真正用心爭得的幸福。世界上沒有白吃的午餐，更沒有絕對的善與惡，人性雖然無法測知，但自己的意志力和對目標如果可以努力不懈，憑著一顆永不放棄的決心，最後一定可以到達生命的彼岸。

當我看了《基督山恩仇記》後，心中便會經常懸掛著書中的人物和情節，迴盪起伏，心馳神往，久久不能釋懷。唯一的方法就是一口氣分段把它讀完，心裡的感覺只有悅服崇拜可以形容，於是又找了《三劍客》繼續啃讀。漸漸地發現大仲馬這位十九世紀浮世的大文豪，之所以揚名席捲整個西方人的心，自有道理。要把一個作家的作品翻譯成整個地球不同語言國度的文字，這應該少有。大仲馬是一位極多產的作家，光是小說就超過一百五十部，其餘各類作品總產量也超過兩百七十幾種，這是極為令人目不暇給、極為壯觀的數目。在法國人的眼中，對於大仲馬的尊崇並非只是國寶的身分而已，這可以從法國歷任的總統都給予他極大的殊榮可以肯定。雖然他的生命沒有到達從心所欲之年，就離開了人寰，但是，大仲馬對於這個世界的文學貢獻，應該可說是千秋萬世。

要成為聞名遐邇、舉世皆知的文學大家，並非一件簡單的事，大仲馬可以歷久不竭地屹立在文壇，和他的背景和成長極有關係。其實他也有過和大多數成功人士一般黯淡煙霏的日子，他的父親因時運不濟，得罪了拿破崙，曾鋃鐺入獄。從英雄到階下囚，這天淵之別的人生際遇，到最後窘困的生活使得他不得已而離開這個人世間。那時候大仲馬僅僅是一位失去父親的伶仃孤鶵，和母親相依為命，但父親的遭遇深植在他幼小的心靈，這也成為他日後創作的泉源。

由於環境的窘迫，大仲馬無法像一般富足家庭的小孩可以受到完整的教育，所以他到了十幾歲還是一位目不識丁的少年。三餐不繼的日子，再加上無所事事，那段時期如同匠門棄材、牛溲馬勃般自我放逐的經歷，是他一生中最不堪回首的往事。直到他和阿道夫這位密友的結識，才使得他的人生漸漸有了初步的方向。阿道夫和大仲馬都有著雷同的家庭背景，父親也因為政治事件而被放逐到法國。家道中落的阿道夫，由於優渥環境成長過程所受的影響之故，本身就是一位善於舞文耍墨的知青。由於他和大仲馬形影不離，大仲馬深受他的薰陶和耳濡目染，再加上阿道夫經常對他講述當代著名文學家的故事，這給大仲馬的生命帶來了極大的能量，他從那時起，便決心要成為舉世皆知的大作家。

二十啷噹歲的時候，大仲馬覺得與其在百般無聊的家鄉閒晃，不如到都市裡去尋探機會。起初他以為可以尋找父親昔日的部下給予助力，誰知人人都採取避軍三舍的態度不予援助，這令他極為難過。最後是因為一位將軍的幫忙，到公爵府中充當一名小小的文書，才藉以保住衣食。就在那段當文書的日子裡，一方面他閉門苦讀，補足了少年時期的失學之痛；他多方請教有學識的學者，讓自己在讀寫上面的知識突飛猛進般地進步。除此之外，大仲馬也在這段時間裡，大量地閱讀了不少當代文學家的作品，這對他日後的寫作也奠定了一定的基礎。

大仲馬由於受到了莎士比亞和席勒的影響，為了改善自己的生活品質，他嘗試著用寫劇本做為出發，他的處女作叫做《亨利三世與其宮廷》。沒想到他用自己的敏銳思想所創作出來的這齣浪漫色彩濃厚的舞台劇極為叫座，從此在法國的文學藝術壇上他成為初露頭角的新人。大仲馬對於創作是有企圖心的，他絕不滿足於編寫劇本而已，他也想嘗試著寫小說，他把前半生在人海浮沉中所遭遇的點點滴滴和見聞，做為小說創作的雛形，慢慢地構思，最後寫成了《基督山恩仇記》。沒想到這本書一發行，使得大仲馬一夕成名，成為舉國皆知的作家。

氣魄與眼光獨到的詩人晏殊

近日偶讀宋朝晏殊的詞集，令人遙想在那個久遠的年代裡，依晏殊尊榮的身分，貴為宰相之身，周旋於富貴圈中但自身卻又能簡衣陋食，為民喉舌，舉發時弊，罔顧當朝。他主政期間，大量地培育了人才，如范仲淹、歐陽修、韓琦等名士，皆是他提掖的一時之選。尤其為人所津津樂道的是在當時富弼還未知名，清寒未登宰相位時，晏殊不避其清寒，把愛女許配予他，這種氣魄及眼光絕非常人所及。並且其一生中大力獎勵新辦教育及書院，這些都是我所欣賞的。以這樣子的政治人物，回頭你再讀他的詩冊，會覺得似乎和他政治方面的才情有種蒹葭倚玉、格不相入之感。因為他所撰述的詩詞，大多都是屬於婉約派的內涵居多，雖然詞句讀來風雅清麗，但多有落寞、離別之慨。也許這位曾經一人之下的宰相，他內心所蘊藏的抑鬱，正是透過詩詞，藉以抒發內心真正的雨泣雲愁和嘖有煩言。

一曲新詞酒一杯，去年天氣舊亭台。夕陽西下幾時回？
無可奈何花落去，似曾相識燕歸來。小園香徑獨徘徊。

這首詞便是宰相詩人晏殊極有名的一首詞。那日我正在披讀翫賞唐宋詩詞的大家作品，一翻開，映入眼簾的就是這首晏殊的《浣溪紗》，覺得挺有意思。前幾天在整理舊識友人書札時，才看到才女陳小紅寄贈予我的這首詞。昔日，幾位詩社文友常在假日聚首於省城隍廟附近的一間老咖啡屋，因為熟識之故，常會在事前先訂好靠窗座位，便於弄盞小飲，也不會吵到鄰桌客人。

文學才女走進靈性誤區的覺醒之路

小紅是文學圈內極有知名度的才女，常發表小品、散文於國內外雜誌或書刊，也有著作問世。只是不知她多愁善感的天性是否成為她在文學、教育界發展的礁石，因此一路走來頗為崎嶇。她倒也蓼蟲不苦地過著她自己感覺良好的日子，但我可以從她經常因雙眉緊蹙所刻畫烙印的紋理中，曉得她不快樂。幸好她篤信佛道，勉強可以抒解她心中突然生起的滂渤怫鬱之情緒。我知道如果沒有人可以化解她宿世帶來的天性，這將會是她生命中致命的破釁。

後來她去法國遊學三年，認識了一位法國學院裡的教授。她自己形容那段如神仙般的日子中，因為結識了這段異國因緣，讓她生活中泛起了極大的漣漪。她覺得語言也改變了，思想也不一樣了，生活習慣也截然不同，連髮型也都是為君留、為君改，包括穿搭的衣物，這和她以往硬拗剛硬的個性判若天淵。一次她回來台北度假，我們三兩文藝圈好友約在老咖啡廳碰面，小紅頂著一頭米粉燙、綁成細辮子的髮型，臉上厚黑色的眼影加上假睫毛，把原本有靈性的眼睛變成了如幽靈般深陷空洞，如銅鈴般已失去了往日的水靈和清澈。雖然她熱情地和我打招呼，還用西方人那套擁抱的見面禮和我們每個人打招呼，但我知道，這個人的靈魂裡已經不是小紅了。那天一坐下來，她便興高采烈地談著她那位法國情人如何如何地擁有神秘氣質，如何如何地具有藝術才華，述說著兩人所踏過的足跡風情，好像那天的主軸便是她。我們大家面面相覷，心裡都有一個感覺，這個人真的是我們認識的小紅嗎……那天大家就這樣聽小紅一人唱獨角戲，之後就各自散了。

三四天後的一個午後，小紅約了我在東區一家飯店的咖啡屋碰面，說是有些心事想找我聊聊，我便去了。才見面不久，各自點了飲料，她就從包包裡拿出了一副塔羅牌說道：「這是一副新的牌，我知道你玩塔羅也很久了，並且有不同的註解方法，我想請你幫我洗洗這副新牌，我想開始啟用它。」原來她在法國認識了一位靈媒老婦，向她學了靈修和吉普賽卜法。短短幾年，她的思想起了這麼大的變化，應該和她所接觸的神秘學有關係。我便隨性依她，把她那副新牌拆封後，攤擺在玻璃桌墊上打散，用手摩娑起來。

對面的小紅對我說：「琳達老師教我一些咒語和手印，還有如何對著水晶球溝通，如何用水晶柱啟靈和催眠。她真的很厲害，兩隻眼睛像電影一般，任何人被她盯上，就好像按上快門般無所遁形，心中所有的秘密全部一覽無遺。我就是被她深深吸引住，她說我有敏感體質，很適合這套古老西洋神秘學。」她邊說邊起勁地配合著手勢，似乎要說服我站在她這邊，支持她的學習是正確的。我不忍潑她冷水，只能佯裝同意地微笑點頭，她愈說愈起勁，還繼續講了許多手勢和咒語……。

這套理論在很早以前我便知道，所說的師承也好，典故緣由也好，我心裡明白都是胡謅瞎掰的，心中暗自替她著急。但是這點我很有經驗，通常迷信某一套玄學的人一旦入迷，任何人要遊說他似乎都很難。從她所用的咒語和手印都是緣自於印度和金剛乘的古老手印來看，便知道這老婦所學的都是雜術，講這小女孩的心事，任何歲月刻痕較深的人都可以全然掌握，根本不需要什麼神通。自我暗示、用小水晶柱在兩眼之間擺動的催眠術，更是令人發噱想笑。現在歐美許多人組的心靈成長靈修團體也都有它聽來頗有道理的故事，真正深入理解之後，就會明瞭它是融合印度教、心理學、瑜伽和莫菲教派等等許多的理論，最後自成一系，在西方國家已經盛行極長一段時間。

過去我也曾經接觸過不少這類團體的領袖，因此，所說的我完全明白，但是我知道現在也不方便提出任何反駁，以免令她不舒服。但是我隱約看得到，她身上似乎有著其他的聲音潛伏在她的靈魂深處，我擔心她引發了不同的異體，這會影響到她的健康和壽命。從她上回自己自言自語地說著對別人預測的那些話術，我知道她應該有秘密地供奉不正派的神祇，從她的眉宇之間和眼神氣色中可以清楚地掌握到。現時眼前的這名摩登女子，已非昔日那位浸淫在古典文學、詩詞歌賦中，徜徉在楊柳清蔭湖畔邊上，輕啟朱唇，詠吟著長短句，與三五好友結伴在簾影燈昏前題詞作詩，直到黑盡天白的那位才情卓越的文壇明日之星，我心中不禁有些黯然。

我在聊天的過程中用了些善巧，一邊要她心中意念著她所說的那位法國靈學大師的影像，一邊就用我洗過的那副新塔羅牌卜算著。我跟她說我有興趣想要了解這位大師，同時我也叫她在一張白紙上寫下任意的一個字，結果翻出來的牌是「吊人」，我就更加肯定她翻出來的牌正是她現在心裡的反射。目前，她並不以為她的內心世界所呈現的狀態就像眼前這張牌的牌意——雖然人是被捆綁起來的，但是她不會因為這點而有想掙脫的跡象，因為她現在心中所想的一切，和世俗的人常常會有顛倒的狀況，就像這張被倒吊的「吊人」一般。我再看她在白紙上所寫的字，是個長久的「久」字，心中暗自納悶她到底還要沉淪多久？我不信邪地還問了她的八字，便在手中起盤，赫然發現原來她這個大限裡，福德宮正碰到了地劫、天機等這類和玄學、靈魂、宗教相關的星宿，我想，一時半了應該她不會改變心意，只能等待她命中因果相關的宿命，或許可以改變……。

後來我也才知道，她的那位法國男友原來是這位靈學婦人的姪子，每天跟著一大群的教友靈修，並沒有在學術上有任何發展。這便是讓我憂心的地方，現代人由於腳步太快，連同自己的心智思考也跟著無法理性地放緩下來，因此連信仰也都講求速成。許多人了解現代人的這種心理狀態，根據這點量身訂作了速成的新興宗派，弄得撐岸就船、乾坤顛倒、是非不分。這完全是因為現代人看書做學問無法腳踏實地，沒耐性抽絲剝繭、追根究柢地探究真正的學理和宗教。例如《道德經》、《金剛經》或是四書等許多經典都被翻譯成多國語言，但是真正的意思和內涵究竟有多少是正確的？我曾經多次請國學程度頗深的外國學生逐字地翻譯給我聽，發現竟有許多是魯魚豬亥，似是而非，和中文的原意大相徑庭之處頗多。近來更有許多所謂的靈學大師把佛理講述得晦暗不明、以偽謗真，這現象令人擔心……。

從小紅的一些命運數據上，看到兩年後的夏天，她三方的命宮遙沖遷移，三方有流羊入侵遷移、重疊本命，父母宮頗為凶險，我提醒她那年要注意遠行和交通事故。另外，為了幫助她提早腦袋清明，那次我還教了她解冤釋結的咒語，希望她能早日靈光重現，恢復昔日的光采。

回首來時路　也無風雨也無晴

我常常會為自己的多事和直覺感到懊惱，恰如小紅的事例也是如此。後來當我收到訊息的時候，她已經在醫院中甦醒過來，幸好沒有生命的危險，只不過需要長時間的復健和療養。時間就是我和她所講的時段，她和她的男友騎著摩托車在法國一處鄉村度假時，和一輛汽車相撞。她的男友傷勢較重，全身完全癱瘓，形同植物人，這令小紅痛不欲生。命運真的是如此難以自拔，如同枯魚涸轍一般嗎？如果對於如盤根錯節、重重疊疊難以明白的因果循環無一番通徹如鏡的認識，大多數的人真的只能任由命運之神的安排，是很難跨跳陷泥的。

小紅戲劇化的遭遇令她從熱戀中掉入了極寒地獄一般的痛苦，很長的一段時間她無法走出陰影。她的家人幫她從法國遷移回到台北，定居在淡水的紅樹林，初期她抗拒任何外界的聯繫，也不想接受任何人的探訪和慰問，但我知道她一定會找我的。就如同她昔日在生活上、情感上遭受到跌撞的時候，最後她會尋求心靈的出口，在這之前通常她會先和我傾訴心靈深處的話語。果然不到一個月的時間，某天她撥了我早期的一支電話，通常都是舊識和好友才會知道的號碼。

「還好嗎？妳回來可以習慣嗎？」這是我開口問她的第一句話。

「在我心目中，我一直當您如師長和摯友一般地尊重，每當我人生中看不到方向的時候，我首先想到的便是您。李老師已經溘然榱崩已久，我更失去了依怙，因此我就只能找您談談我心中的一些疑惑和方向。其他的人，他們要不已經都是一方之主，要不為了滿足於自己已有的盛名，追逐名利，他們都不是我想要攀談的對象，更何況我從死亡關裡躲過一劫，那種劫後餘生的感受一般人是無法了解的。您自小便通覽各類宗教和靈魂相關的書籍，我心中久藏一些狐疑未決的迷惑，希望您可以幫我發蒙解惑……」

「沒有問題！妳隨便聊聊。」

「當我發生車禍之前的那個禮拜，我常常感覺到身邊有某些看不到的異物徘徊在我的身邊，有時走路也感覺到身後有陰影相隨。最明顯的是有兩次夜晚，在床畔都感覺得到有人就坐在我的床緣盯著我看。我感受得到那股冷氣團和陰暗的氛圍，我想睜開眼睛，但一直無力打開雙眼，手腳好像也不聽使喚。更要命的是，我的嘴巴一直喊叫著身旁的麥克，他卻睡得很甜，就這樣直到天亮。接著那幾天我都感覺渾渾噩噩，身體很沉重，情緒極不穩定，一直對麥克講些無厘頭、情緒發洩的話，就是看任何東西都不順眼。每到傍晚時分，就會覺得自己心情極為沉重、很灰暗，忍不住都會放聲痛哭，還有一種想要尋短的念頭，似乎耳畔有人在提醒我該用什麼方法結束自己……

「當時我不以為意，直到發生車禍，躺在醫院，麻醉藥過後的痛楚把我拉回了現實。麥克如今沒有辦法和我溝通，形同一具沒有靈魂的肉體，我更形孤寂難耐。這陣子，我一直在尋找這些不可解的答案……」

聽完了小紅的描述之後，我給她我的看法。

「妳還記得從前我們認識的時候，妳曾經寫了一首晏殊的《浣溪紗》贈我。其實我是比較敏感的人，當我後來重讀這詞的時候，我心中其實就有了種不祥的感覺。後來妳出國，我本以為這應了詞中裡面的某些意境而已，但卻沒想到那百般無奈的花朵凋落，再加上春燕獨自歸來，在充滿花香的花園小徑裡獨自徘徊，所描述的竟然是妳！」

其實我當時也有閃過一個影像，赫然看到一名女子倒在血泊裡痛苦呻吟的模樣，但我沒想到那竟然和往後小紅切身的厄運相關。直到後來，再銜接我曾看過她的命盤和其他的組合，我心中才了然洞澈是怎麼一回事。

「一個人的八字其實就是他過去世業力的總和，一生的命運走勢，就是過去世行善作惡因果的軌跡，這是無所遁形的。我自幼研究五術，就是因為想從古人的數據統計中尋找因果不滅的證據，而非迷信，也想了解命運是否可以轉變。這麼多年過去，看了不曉得多少人的命盤，我只能說天網恢恢，絲毫不爽。人絕對不能違背因果，不是不報，只是時候未到。妳和麥克的認識也非偶然，妳一時的迷失去相信這類靈學團體，也都是前世今生的牽引。但是妳在自己運程比較低落的時候，不應該去幫別人處理一些妳不了解的他方世界事物，這可能會替妳招來厄運。妳所看到的那些無形的眾生就是一個例子，再加上妳先天的劫數重疊，於是就發生了這起凶兆。」我簡單地替她描述了大概。

「難怪！我現在再回想從前在法國所做的一些事情，愈想就愈覺得這會是我做的事情嗎？我為什麼會認識這群人？為什麼會去學催眠？為什麼會去幫別人觀落陰……我覺得太不可思議了！但是回到台灣之後，我卻又異常地清楚。這幾天偶然讀到了《了凡四訓》這本書，再找到了很多年前您曾贈我的《金剛經》，裡面的四句偈是您用書法行書體寫的『一切有為法。如夢幻泡影。如露亦如電。應作如是觀』。

我如夢乍醒！這多年來，我所走過的生命軌跡，真的恍如一場夢一般。現在夢醒了，卻又覺得似乎要替自己的人生添寫些不同的內容，所以我才想到了要向您請教。」

我聽完小紅的敘述之後，心中替她感覺欣喜異常。通常經歷過情傷或生離死別這類遭遇的人，思想較會傾向於悲觀或厭世，但她卻能從以往走過的路省察自己的心，而卻又不悲觀地看待那段不堪回首的來時路，甚至以此作為命運重新出發的參考，這點令我頗覺意外，也替她感到開心。

「本來這蒼狗白衣般的人生，恰如虛空上的浮雲，有時無雲晴空，有時烏雲密布，有時浮雲來去，本來就無定境。有智慧的人，如同虛空本體，不受侵擾；凡偶近器、凡夫俗胎，卻很容易因為偶來的烏雲遮蔽，而牽動了本有的清明，因此會自作些不明就裡的事端，就如同妳在法國那段期間所經歷的。現在妳已經有了撥開迷霧、重見湛然本體的現象，可喜可賀。以往的種種，妳就讓它如虛空中的浮雲一般，隨意飄散吧！本來就無可記憶，不須捕捉，往後就按照妳的興趣跟才情好好地發揮，必有一番作為的。妳要相信，妳絕對可以做到！」

小紅聽了我所講的這些話之後，從電話的那端感受得到她如同被充了氣的氣球，充滿了能量，恢復了往昔有些嬌嗔調皮的口氣。

「我就知道找您聊天、請教，就是有這個好處。現在，我知道我該如何做了！」

由於小紅日後對自己人生的調整，她又重新恢復了在某個領域應該有的成就，成績也算斐然。自己也成立了翻譯團體，把許多人的作品都翻譯成多國文字……。

還記得年少的時候，有幸值遇到偉大的心靈導師。那時正是懵懂無知的少年，常常會為了小事而滋生煩惱，師父告訴我：「你要把自己想像成在黑暗洞穴中打坐的僧人，而且是愈深的洞穴愈有幫助。當你仰頭望著虛空的時候，你會發覺，在黑暗的深處，反而可以看到觸目皆是的繁星。每個人都有情緒低潮的時候，但是你愈是低落，愈不能把頭往下低沉，反而要一反常態地仰望虛空，尋找陽光！那黑暗中打坐的僧人，是表示深陷無明的自身，可是一旦願意打開自我閉鎖的心靈，那黑暗會化為光明，同時會發覺原本幽暗的洞穴乍然化光。最重要的是，人很容易受到外境的干擾，而忽略了自性的明光。所以當自己身處在最深層的黑暗處，而無所畏懼更添冷靜的同時，便是你命運轉折的到來！你要學習從跌倒或失敗中觀察，獲得你想像不到的成果，這才是重點。」

這段話對我的人生有很重要的啟發，一個明事理的人，他知道我們的人生其實是從不斷地死滅和重建中度過的；我們的念頭及潛意識，在每一個剎那中，也都是像不死的靈魂一般，無盡的生和滅交替，直到你頓悟為止。這，就是人生。

後有讀到名儒所說的：「大丈夫立身處世談何容易？必須要有包天、包地、包古、包今之識，更需有驚天、驚地、驚古、驚今之氣派，才會有驚人之才，更才有破天、破地、破古、破今之膽識。」對此，我頗有同感。一個人立存於世，自在風雲，一定要具備不畏懼失敗或任何挑戰的勇氣，才可以讓自己的人生處處充滿坦途，也可以身處濃豔之地而泰然處之，如同飛光倒影、明照萬象一般。到此境界，無論遭逢人世間任何的橫逆，絕對都可以無憂地度過。

06

書僮成高官的高俅

一個人處身立世，
無論是在公開的場所或私底下，
皆能坦然對心，沒有任何的私心，無愧於人

爭議高俅無定論　史書自有明判斷

說起高俅這位歷史人物，在史冊上是一位眾說紛紜、頗多爭議的人物，他之所以後來會被人們關注，主要是來自於《水滸傳》中的某些人物和高俅有過節，至於故事情節裡的真假各有說詞。若從歷史上的角度來看，金聖嘆曾經評注過一段話是針對高俅所寫，而也因為他的評注，便註定了高俅在歲月的歷史上，將會是扮演犧牲品的小丑角色罷了！但是從正史來看待高俅，卻又不是這麼一回事。他曾經掌管禁軍達二十年之久，最後當時的人給他的定位是「大節無虧」，從這個評價上來看，高俅也未必是如小說所寫的那般，更沒有《水滸傳》中所虛構的那般去陷害林沖等梁山泊的一百零八條好漢。

姑且不論高俅為人是忠？是奸？但如果從幾件史實上來觀察，他卻又是比當朝那些表面上衣冠齊楚、道貌岸然的那班老臣來得知義多情。例如他是一位有恩必報的多情之人，過去他在軍旅之中，劉仲武對他頗有照顧，後來劉仲武在一次任務中失勢，此舉對劉仲武極為不利，甚至會引來殺身之禍，但高俅卻不避諱，反而冒身替其說情，保有他的官銜。此外，高俅也不會因為劉仲武後來的寒酸不偶而忘卻了昔日之情，反而運用自己在皇帝面前的影響力，大力地推舉他的兒子劉錡，授予頭銜官職。

再有蘇軾曾經也用過高俅，由於高俅的機靈，讓蘇東坡有一段時日頗為喜愛。試想如果真如《水滸傳》所寫，高俅為一品行不良之人，或不識之無，嬉遊、遛鳥、賭狗之輩，以蘇東坡之社會地位，會延至身旁作為貼身隨扈，有時還必須要為蘇東坡抄抄寫寫？假若行為卑污之徒，蘇東坡豈能令其在側顯擺、丟人現眼？若非蘇東坡當時遭逢外放，高俅當時恰好也有一高職機會尋他，相信應該也會長相左右。後來蔡京掌權，要置蘇東坡一家於死地，高俅不但沒有合污，反而還出面為蘇氏陳情。此情此義，試想古今幾人能夠？

至於《水滸傳》裡面所寫的高俅迫害梁山泊好漢，實際上執行鎮壓的人物並非高俅，時間也不太相同。事實的真相是因為宋徽宗的無能，每日只醉心於女人和書畫堆裡，他極端地欣賞高俅的書法，和他所寫的書體，因此頗得宋徽宗的喜愛。若高俅是個庸碌無才之人，他便會隨著蔡京之流同搞貪污，但高俅每日都為大宋的江山焦慮、傷透腦筋，於是在所有軍隊將帥討伐梁山泊皆鎩羽羞辱之後，高俅自願請纓披掛前往梁山泊討伐。其實他是有智謀的，他佯裝詐敗，和這些落草為寇的綠林大盜們周旋。擒賊先擒王，先擄獲了宋江的信任，最後把山上僅剩的大將離山調虎，一一剷除。如果不是當時高俅的機智，宋朝早就提早滅亡了。

其實認真來說，高俅的出身只不過是一個孤兒而已，從小吃盡了苦頭。在他漫長窮酸的日子裡，沒有任何的後盾靠山，因此他竭盡所能地到處追隨顯達聞人，偷學他們的文墨內涵。也因為因緣巧合，結識了一班武林人士，到處拜師學得一身的好武藝。不僅如此，一有機會就不忘充實內涵，所以詩詞歌賦也難不倒他。據說他天生就有一副矯捷的身手，偶然的機會結識了踢球高手，沒想，青出於藍，高俅的技術更勝一籌，從此走紅，舉國上下連皇帝都欣賞得不得了！但是他未發跡之前也曾因為出身貧寒、無父無母，到處遭人白眼踐踏，甚至無端端地還會被套上莫須有的名義杖打，差點連命都沒了。雖然高俅和其他歷史上優秀的人物相較，也許沒他們的班行秀出，畢竟他不是科班出身，但如果今天高俅是一個酒囊飯袋，試想怎能矇騙得了精通文墨又通達詩詞歌賦的徽宗皇帝？

世上無絕好之能人，天生我材必有用。在優勝劣敗的環境中，如何能運用自己的專才和巧慧，懂得機靈巧辯，同時善於觀察眼色，懂得時勢的掌握，捷足先登，這又是另外一套學問。高俅固然在歷史出將入相的賢良濟濟之中，並非盡善之士，但以宋徽宗所主的年代，能夠在一位昏庸無能的皇帝腳下竭盡所能地為國家盡一份綿薄的力量，同時在重要的時刻也不會和一班貪官污吏搞臭國體，尚屬難能。所以在其身後蓋棺認定時，史書對他的評論亦非負面，並且還誇他為一位好人，這點以當時的政治風氣和社會背景來看，他的晚節能有此評語也算不簡單。

溫二爺機伶豪氣滿滬知

溫二爺如果今天還在世，也有百齡出頭歲了，對待一位像爺爺一般的老輩，我只能說對他的一生充滿了敬佩，留下奇特絕影的印象。小的時候我曾經住過萬華區，那個時候台灣還有很多四合院、三合院類的大宅院。每逢節日，母親便會帶著我從附近的菜市場朝著龍山寺附近的天橋走去，從天橋上可以清楚地看到火車站的驛站口，還有火車行駛經過的鐵軌。下了天橋，火車站的門口兩側平常都擺滿了大大小小的攤販，有賣米粉湯、鼎邊趖、天婦羅的，那時還有冰糖葫蘆可吃，也有捏麵人、糖炒栗子……各式各樣的南北小吃及流動性攤販。

印象深刻的是那時還有三輪車，在火車站門口隨時機動地等待招呼客人。就在火車站旁有一棟醒目的舊式四層樓洋房，那便是溫二爺的家。說起二爺，外省掛的南方人住台北的幾乎都認識他，他是從上海搭船來到台灣的杭州人。只知道當年他在上海曾經開過洋行，自己也有商船，沒想到要遷居來台的時候，載了所有家當及幾千兩黃金的三艘船，遭遇到颱風，船沉了，夥計沒了，就只剩下他和一個長工，落難到了基隆港。當時人海茫茫，語言隔閡，他所講的浙江鄉音，基隆人沒幾個聽得懂。原本一位大老闆，每天忙進忙出，忙不完的交際，接不完的應酬，沒想到一夕之間際遇竟成天壤懸隔。當時溫二爺每天只能叼著菸，沒事到基隆港口和火車站蹓躂，有時望著港口上粼粼波光，遙想著家鄉，十里洋場的一切歷歷如畫、了如觀火般地呈現眼前。

溫二爺是飽讀詩書的，他經常想起那首蘇東坡的詞——

「十年生死兩茫茫，不思量，自難忘。千里孤墳，無處話淒涼。縱使相逢應不識，塵滿面，鬢如霜。夜來幽夢忽還鄉，小軒窗，正梳妝。相顧無言，惟有淚千行。料得年年腸斷處，明月夜，短松岡。」

他想著故鄉的嬌妻、一雙子女，如今兩地相隔，而且所有的財資全部告罄，早沒了往日的光鮮。現在兩袖清風，阮囊羞澀，沒臉、羞愧、自怨自艾地埋怨自身時運不濟，那段日子是苦澀的，背著人經常是老淚縱橫，但是又何奈？

這溫二爺家底也是頗有來頭的，在那充滿繁華若夢的煙雨江南，母親娘家也算蘇杭的望族，稱得上是書香門第。當年赫赫有名的名媛王映霞也是他的表親，早期常聽他提起王映霞在兩次婚姻當中所發生的種種軼事及點滴，也在那段時間聽聞到上海早期聞人和政客之間諸多的內聞。

溫二爺還有個表舅，年紀大上他十多歲，曾經是上海呼風喚雨的人物黃金榮身邊的貼身侍從，他曾經跟著表舅進進出出多次黃金榮的府邸。溫二爺畢竟自幼家教甚嚴，看不慣這批人欺壓善良、壓榨人民血汗的種種行徑，雖然年少好奇，隨著表舅與這些人吃吃喝喝，但表舅明白他的根底，所以壓根也沒拉攏他加入青幫。但二爺講起裡邊的種種江湖規矩，卻又說得有聲有色，表示他也極度地了解幫會的內容，後來也有機緣多次見到了杜月笙。他曾經隨著表舅參與了一些聚會，吳鐵城、楊虎等人還挺喜歡年少的溫二爺，溫二爺雖然心裡明鏡般地有著是非辨別能力，但天生伶俐逗趣和察言觀色的本事，倒是許多年長者眼中逗趣的甘草人物。我還曾經從他嘴裡聽到杜月笙老婆和她自己表哥曖昧的底事，他述說起來那入木三分、唱作俱佳的過程，聽來令人極有臨場感……。

溫二爺其實是位大巧若拙但卻又七巧玲瓏的人，由於自小環境的耳濡目染，練就了他察言觀色的本事，最了得的是他可以著泥而不染。他雖然跟著上海黑白兩道的爺們有所互動，又可以令他們開心，但暗地裡他私自喜歡的卻又是和上海當時一般文人雅士們學習及交往，如豐子愷等。後來也因為豐子愷的關係，曾有機緣和當時名重一時的弘一大師（李叔同）多次會面過。

我印象很深刻的是當時溫老對我講：「大師極和藹可親，始終嘴角掛著淺淺一抹微笑，寡言但有問必回，看起來精神抖力、目光灼灼，見到他就有股質樸、頓時心平氣和的感覺。但是最讓我訝異的是如此的方外高士，為何卻僧袍襤褸……」後來經身旁人跟溫老講，原來大師一襲衣袍上下縫縫補補，由兩三百片的補丁縫製而成，不論春夏秋冬，從不更換，這引發了溫二爺的好奇。

溫二爺那段期間也收藏了一些名人字畫和文房四寶之類的雜項、書札等等，我與他熟稔後，有時也會拿些物件出來給我欣賞，像豐子愷贈給他的硯台和墨，我就曾看過。他說豐先生其實也是性情中人，興致來時喜歡飲上幾杯，尤其吟詩、作畫期間，每每小輩們為其準備豆乾、花生米等等小點心佐酒，先生便可以在飛觥獻斝中暢所欲言，有時詩性大發，便有神來之筆……溫二爺亦曾從其宅第中取出一檀木篋中卷軸，赫然所見竟是趙孟頫之《湖州妙嚴寺記》及所繪〈雙松平遠圖〉……還有近代名書法家沈尹默先生的真跡。因為我曾臨摹過褚遂良和蘇軾諸家字帖，因此對於近代沈氏獨特的圓潤蒼勁中融有奇逸縹緲、秀麗的風格，早就很欣賞。當時能在溫老處見到，驚為異寶，曾經多次洽談希望能夠割愛，但是其不忍釋手，就不便奪人所愛。後所幸又在其他藏家處蒐到幾幀沈氏書札，彌為珍貴……後來得知溫老這些老東西，也都是陸陸續續從老鄉或其他收藏家處蒐得。

傳奇史可為當代人圭臬

講了這麼多溫二爺的前身往事，主要是其人一生受造化之遷弄，也頗為傳奇。話說他穿著木屐、捲著衣袖，在基隆港口做臨時工、搬運工的那段日子裡，是他人生中最跌宕的時光。已經四十開外，孑然一身，在台舉目無親，後來漸漸從上海、浙江、廣州和閩南等處來台的舊識故人中，慢慢才又重拾當年的那股膽氣橫空和蹈厲之志。這批舊友中，他們有的感於昔日在滬、杭相處時，溫老對他們的照顧及舊情，有的是過往的八拜之交，就這樣在十幾個人的協助之下，溫老在萬華一帶逐漸打下一片天。

過去這個地方其實都是農家和田地居多，溫老大約講述了他初來乍到時，龍山寺附近的地方沿革。早期他因為配合製糖廠，掌握到時機，靠收買甘蔗賺了不少錢。但當時尚有省籍問題，他和他那批老友也常受排擠，幾次所應得的利潤也從中被剝削了許多。有些個性比較衝動的就和當地人起了爭執，甚至於刀械拼鬥，常見有血光之爭。在如此的環境之下，溫老用他上海人磨盤兩圓、破崖絕角的處世善巧，漸漸地謀合了地域和省籍的差別，地方團結一氣，最後成立了商社，增加了南北貨行業的買賣及麻油等食用材料的大盤，讓大家有錢同賺、有福同享。溫老本著大肚，用絕甘分少的態度領眾，漸漸地在地方上建立起一定的信譽和人望，成立了一些公益慈善機構，幫助傷殘老弱等民眾……。

我和溫二爺的認識是因為家中長輩過去在萬華地區也是很有德望的長者，由於溫二爺在台灣漸趨穩定之後，透過慈航老法師的引介，對修行產生了興致，我的長輩也因為這樣子的因緣而和溫老成為道友。後來我隨著長輩和這些仁者之間有所學習與互動，也和溫二爺時有請益。當時溫老雖已屆期頤之壽，但身體頗為硬朗，這和他早年習武、打拳頗有關聯。數十寒暑，一晃如過眼煙雲，如今憶及卻如昨日。從他身上所聽聞的就如同一部中國的近代史，由他遷居來台所做的奮鬥，又足以作為當代人的圭端臬正。順便要提到的是，他在人生中最後的幾年受了菩薩戒，從那刻起，他便杜絕一切應酬，不進葷食，日中一食，這點令人頗為讚佩。當他往生火化時，竟然也燒出了百來顆的舍利。

行事作風如曾鞏

早年喜歡閱讀唐宋八子的相關著述與文章，對於曾鞏的文章與道德特別有感覺，原因是他在八大家中是屬於不計較名聞利養和自身利益的文人，低調得可以。以他的出身來看，從他的曾祖父以降，都是北宋時期赫赫有名的大臣，連他的父親也都當過太常博士。只是到了他父親這輩，由於不擅斡旋於政壇，最後只能罷官歸里。從此開始父親無力承擔家計的身軀，再加上家無恆產，又有九個妹妹、四個弟弟都要靠他想法子供養，他就是在這樣的一個艱難環境中，培養出過人的毅力及傑出的才識。由於他過人的才學及出類的文采，後來被歐陽修賞識收為學生，並且向歐陽修推薦摯友王安石。

曾鞏讓我敬佩的地方是在於他父親後來往生時，他毅然決然地放棄了功名及可能依附權貴、平步青雲的環境，回到了家中照顧母親。更難能可貴的是這個母親還不是他的親生母親，但他卻如同親生母親一般孝養她，從無難色，從此可以看出一個人的人格操守。在其後來主政時，一切也都是以百姓利益為優先，甚至於把自己分內的糧食也都提供出來，分配給百姓們。除此之外，也幫助農民有耕種的機會，幫不平的冤獄平反，興辦學校，減少稅徵。在他管轄之內從無怨聲載道類事發生，連宋神宗都被他的政績所感召。

說實在，曾鞏由於處事低調，不願強出頭，所以令他在中國的政治人物中顯得不是那麼突出。可是我欣賞他的是為後代努力保留下來的史書及文章，難怪連朱熹都私淑讚美有加。朱子對四書有極深入的注釋傳世，其中對於倫理特別有詳細的註解。朱子也曾在私下教授時，不止一次地讚美曾鞏便是典型君子懷德的縮寫。的確如此，孔子特別強調君子和小人之間的分野，就在於道德感以及道德觀念的差別。

曾鞏除了謹守君子之道外，他還特別注重仁道和自省，我認為這是古往至今一般政客和文人最難遵守的。我在二十歲後，曾多次閱讀《戰國策》、《李太白集》及《說苑》，不得不額手稱慶地感恩於曾鞏當年的用心蒐集，並且從中學習到治學之道。我好藏書也引自於曾鞏，他當年曾為了挽救古籍流失，把畢生薪俸皆用於其上，後收入重要典籍共兩萬多冊，此種魄力實屬難能。

無論政治人物或一般人，我覺得一個人立身於世，最需遵從的便是君子之道。「君子周而不比，小人比而不周」，這句話是我一直希望能奉行於日常生活當中的圭臬。一個人處身立世，要不徇私，或不會為了一己的利益，無論是在公開的場所或私底下，無虧暗室，皆能坦然對心，沒有任何的私心，如同太陽般普照天下，無愧於人，這並不容易，我從溫二爺身上也看到他努力為此所做的痕跡。他往生時並無後人在側，但他把畢生積蓄分散送給慈善機構，以及當年和他在台打拼的同鄉後輩，這點足以作為現代人的楷模。現在的社會放眼看去，都是小團體、小圈圈，為了鞏固自身的利益，結黨營私，打擊異己者，此點應該是所有世人皆應該引以為戒之處。

命運的轉盤

07

絕對的人生

對待生命最重要的就是態度——
絕對的尊重，絕對的堅強，絕對的樂活，絕對的達觀，
絕對的進取，絕對的放下，絕對的寬恕，絕對的理性。

大文豪馬克．吐溫的不凡人生

在西方的著名作家中，馬克．吐溫無疑地具有決定性的地位，近代冠予他許多褒讚的名稱，例如有人形容他是塞凡提斯的化身，甚至於有過之，塞凡提斯是西班牙最重要的文學家，《唐吉訶德》便是出於他的筆下。也有人形容馬克．吐溫是美國的荷馬，荷馬是希臘文學史上極重要的一位詩人，一生創作了很多詩集，著名的《荷馬史詩》據說就是他的作品。其餘常被提及的還有莎士比亞、托爾斯泰等，托爾斯泰著名的大作如《戰爭與和

平》、《安娜・卡列尼娜》這兩部在全世界文壇上被視為經典的小說，也是俄國最重要的文化財產。除此以外，幾乎這個世界最偉大的文學作家都曾經被拿來和馬克・吐溫並列討論過，從這裡就可以了解到，他的一生對於文學世界的影響深度及地位。

馬克・吐溫之於美國就如同托爾斯泰之於俄國一般，只不過兩人在生活上的處理態度有極大的分野。托爾斯泰由於妻子和他的年紀差距甚大，再加上思想異於常人，因此經常酗酒、賭博和到處嫖妓，也曾因此染上性病，這讓他的妻子極為光火。像這類生活上的處理態度，馬克・吐溫和托爾斯泰其實有著極大的不同。一名作家的傳世作品，往往也可以反映出作家的人格特質和道德態度。馬克・吐溫許多的著作都是取材自美國人的文化、生活背景及大時代的變化，他那種高度巧妙運用之下的幽默感，以及別人無可取代的幻變構思、詭譎起伏的情節，無人可以出其右的布局及巧思，至今恐怕很難有人可以凌駕其上。

馬克・吐溫有著纖細而公正的寫作態度，即便身為美國人，但他對於從政者和政客，以及關於種族、膚色的問題，他也會明諷暗刺地描繪出西方人人性上最卑劣的部分。例如那些政客們是如何口無遮攔地信口開河，及如何讓民眾徹底地絕望……在這些部分，馬克．吐溫是天才！他可以用文字駕馭人民的心，就如同千軍萬馬般，所到之處民眾為之歡呼、為之瘋狂。關於這點，似乎在文壇上極難看到有同樣的作家出現，難怪還沒有人可以取代他在美國人心目中永遠的文學之父地位。

連達爾文都把馬克．吐溫的著作放在床案，每天習慣性地取出閱讀，藉以淨化、洗滌身心。就算是那位哲學怪才尼采，也會被他的《湯姆歷險記》所吸引，他這部曠世鉅作更是征服了千萬人的靈魂，海明威也自嘆不如地折服在《頑童歷險記》的字裡行間。在馬克．吐溫著作等身的一生裡創作過數十本的著作，其中最為人所知的有《湯姆歷險記》、《乞丐王子》、《頑童歷險記》和《狗的自述》。如果讀者仔細閱讀他所有著作的話，必然會臣服在他那精準無比的字詞上，而且每個字都極度地吸引讀者的目光，就如同身歷其境或在作者身旁聆聽床邊故事一般，引人入勝無法忘懷，這就是馬克．吐溫過人的文字魅力。

世界上大多數人的思維模式，都只是聚焦在一個人成功的具象外表上，很少人會去看隱藏在成功人士身後的慘痛和困頓。馬克．吐溫雖然日後名噪一時，成為所有文學界中仿效追尋的標的，可是他的童年其實過得並不是那樣地順利。他的父親在他十二歲時就已過世，從那時起他就必須自力更生地養活自己，並且貼補家用，所以他曾經在印刷廠裡當很基層的揀字員，後來他一度成為朝思暮想的領航員，可是隨著戰亂，他又失去了工作。

可以說在三十歲之前，馬克．吐溫是極度地不穩定，居無定所，工作漂泊，投資也從未得利過。之後因為嘗試寫了一篇文章，引起了群眾廣大的迴響，才漸漸嶄露頭角。從那時起，他就以敏銳的觀察力和細膩的情感，冠上幽默的字句，一剎那間，幾年之內征服了數以萬計的群眾和粉絲。馬克．吐溫成名了！漸漸地他更摸索出大多數人喜歡的閱讀內容和方向，他被稱為幽默的多產作家。在那段日子裡，他多部暢銷書被廣大的群眾購買、收藏，如《湯姆歷險記》、《頑童歷險記》等等，都是伴隨著多數西方人童年和成長的必備讀物。

馬克·吐溫在他後來的日子裡，也曾經因為投資不當而遭遇到破產的厄運，霎時間，他變成了一位債台高築的作家。那時他已年過六十，為了還債和維持家人的生計，他必須四處去演講和販賣自己的書籍。如此的時間長達數年，這對他的晚年來說，無疑是一場惡夢。而更雪上加霜的是，無情的事情似乎接踵地逼迫著馬克·吐溫，他的女兒不幸因腦膜炎驟逝，馬克·吐溫也由幽默風趣轉變成焦慮頹喪。

同時在那段時間，受到美國和歐洲政治思想的影響之下，對於整個社會、國家、民眾都造成了極大的負面效應。馬克·吐溫開始用他犀利的筆觸，透過文字批判主政者種種的倒行逆施，來幫廣大的群眾宣洩內心的憤憤不平。但無獨有偶，厄運之神似乎對馬克·吐溫特別感興趣，他最鍾愛的妻子去世了，照顧他妻子的小女兒也因為身心負荷過量，而罹患了精神官能症，另一位女兒也發生車禍，與他感情最深切的親姊姊也在那段時間離開人世……。

一般人如果像馬克．吐溫這般的際遇，應該消極厭世，甚至於精神崩潰，種種心理、身體疾病都會接踵而來。但馬克．吐溫遭遇到如此的三災八難，禍不單行，卻不會因此而被擊垮。相反地，他大量地著作，大量地閱讀，藉以充實自身的創作泉源及刺激新思潮的湧現。如此潛修汲營的結果，是牛津大學頒發名譽博士的學位予他。當他還清了所有的債務之後，由於書籍的暢銷，甚至還幫他累積了不少的財富，他擁有了新的豪宅，並且在那段時間裡成為舉國皆知的大文豪。

出版大亨警世錄

我的學生耿介文在八〇年代可說是在出版界賺夠了錢，那段時間由於整個社會處於解嚴後的奔放時期，各類小說家風靡雲蒸、如橫空出世般地出現於大小書市。當時人們普遍不是那麼富庶，娛樂場所也貧乏得可憐，更沒有現在那麼多電視台的選擇。人們為了要滿足精神上的匱乏，另外的選擇便是閱讀，因此許多的出版社應運而生，也培養了不少小說家。那時候暢銷作家好的作品引起迴響時，一刷都是幾十版，一賣都是幾十萬冊；各類的雜誌也應時而現，捧紅了許多的散文和小說作者，那是時代所造就出來的。耿介文就是在這樣的環境下，替自己打開了一道賺錢的門路，網羅了多位暢銷作家及小說家。本來，如果他能夠安於現狀，亦步亦趨地作好本分事業，那絕對不至於落到最後一文不名、窮酸潦倒的地步。

民國八十九年，踩著兩岸開放的新機，耿介文和幾位友人去了深圳投資燈具工廠。這對於原本就是外行的文人來說，無疑就是如癡人說夢般的行為。果然不出三年，他就因為經營和理念的緣故鎩羽而歸，這下子他只能返台清理自己的財產，把經營權轉讓給他人。他一下子暴瘦了七八公斤，母親也因為罹病離開人世，太太可能在長期精神壓力的累積下，得了子宮頸癌第三期，唯一的女兒在早年叛逆期時，也因為他長年不在家中，缺少了父親的關愛與陪伴，交了不好的朋友，染上了不好的習慣。

再加上耿介文此時也年過半百，種種不如意紛至沓來，他幾乎是崩潰了。由於年輕時過早發跡，意氣風發好一段時間，時常交際應酬的結果，使他曾經胃穿孔、吐血、大黑便，再加上長期的糖尿病侵蝕著他的身體，當我幾年後再見到他時，幾乎是認不出他了，令我有種雲煙雲裡不見身，才知原來形骸是桎梏，飛禽聲中悟自性，才知情識是刀戈的感慨。我回想過去他在我處上課相處的情景，有種恍如隔世之嘆。昔日那位埋首書堆，卓爾不群、英華外放的學者英氣，現在在我眼前的，已被一位頭髮斑白、臉上充滿了風霜，累積歲月痕跡的糟老頭取代。和我對話時，思路有些跳躍式的陳述也令我不覺感傷——男人如果落魄到一文不值時，真的會有如那寒冬溪畔的垂柳，在寒風吹拂中顫抖零落的枯葉。在他中年羸弱的身軀上，恰如乾涸河流上的漂木般，再也尋找不到丁點的銳氣。我細心地邊說著話，邊從他身上追索著有無遺留下來曾經在心靈深處折疊過的痕跡？但似乎無法找尋，因此我相信他真正是內外身心都生病了。

我一直相信生命是有彈性的，只是有些人經得起拉扯，有些人卻只能安於現狀。這就如同虛空中飄動的雲，突然間靜止在海面上——那情景就如鳶飛魚躍般，內心的恬適感活像在光潔的鏡面上，返照出無垠湛藍的晴空，令人心境一片大同，假若人的自信，可以堅強如百結鋼條般不可摧毀，那麼即便遭逢到人世間的狂風驟雨，心中也是一片波恬浪止、本地風光的局勢。但是人的秉性，恰如異地而處的山林各有不同，這就是有的人生來是被命運所撥弄，有的人卻是來創造時運、啟發世人。但無論如何，我始終相信人只要肯誠實地面對自己的傷口，他一定可以尋找到療癒的藥物。就像耿介文，他由於投資不得當，識人不真，弄得像迷失在十字街頭的醉漢一般，但現在最需要的是給他一個方向，喚醒他潛在的本能。

「老師，說真的，我兩眼真有點不敢看著您，我很愧對，希望您不要認為我現實，碰著了不光景的事情才來看您，但我是真的不知道該怎麼走下去了！希望您可以給我一點建議。」

「你千萬不要這樣想，只要是人，一定都會有問題。我跟你一樣，都是吃五穀雜糧，都有凡夫雜想，我也會有自己的人生課題要去面對。只不過現在你是處於混亂、無法思考的階段，我倒是可以當一個傾聽者。」

「這幾年我徹底被自己的決定給打敗，當年家人反對，好友勸阻，我全然不聽，義無反顧孤注一擲。現在弄得負債累累，老婆視我為寇讎般冷漠，一班昔日老友也僅僅講些表面上的話。老師，我內心真的很累、很痛……」

「其實我說真格的，你算是有福報的人。我這樣講絕對不是安慰你，在我見過的人當中，你還算是全身而退的人。為什麼呢？因為你除了這段日子身心勞頓，所呈現出來的疲累、老態以外，我實在找不出來你有什麼走不下去的原因。重要的是你要如何自我整頓，重新走出生命的迷霧。

「我有個學生，他原本在大學裡教書，教得好好的，也出了不少書，家庭也算美滿，老婆也是一位教員，原本是人人讚嘆、稱羡的美滿家庭。但一段時間他由於忙著寫教科書，睡眠很隨興，經常日夜顛倒，最後因為自體免疫力失調，引發了家族遺傳的僵直性脊椎炎，令他極端地痛苦。再加上他初期聽信友人的建議去做民俗療法，結果弄得神經出了問題，非得要緊急開刀。也許他運氣不好，介紹的醫生手氣也不好，手術出了問題，導致不良於行。他同我說，剛開始他很不能面對這個現實，幾度有輕生的念頭。他每天要面對起床、上廁所、沐浴、翻身……種種他過去從未遭遇到的體驗，我相信那段時日，他一定很難熬。最終他還必須得靠輪椅，還有官司要打，眼前他所面對的殘酷現實，是他順遂的上半場人生中始料未及的，他及家人被這晴天霹靂般的厄運給框住了，不知如何是好。後來我用了一段時間，經常對他鼓勵和舉說歷史上那些殘而不廢的英雄們奮鬥的史蹟，慢慢地他才從灰燼中站立起來。現在他和友人共同經營網路行銷事業，做得極為紅火，身心也自我安頓好了，經濟也寬裕了。我上回同他家人聚會時，從他燦爛的臉龐，我知道他已經有了很確定的人生方向，我寬心了……。」

從谷底攀升的攝影師

「我再跟你講一個真實的小故事，我有一個學生，他是一位攝影師，到處千山萬水尋找題材，勇於突破。多年來，他一直懷抱著打破傳統的夢想，也辦過幾次個展，成果也不錯。當他正大受矚目的那段時期，他突發奇想地對我說，他想到世界上最高的山區去拍攝，後來他決定了去珠穆朗瑪峰。我其實有幫他打過卦，卦象顯示他不要去比較好，但我還來不及跟他說明卦象的不吉，他就已經決定了行程。我印象中事後還曾託人告訴他的太太此行不宜，但由於他的藝術家個性，還是偷偷地去嘗試。要知道，沒有攀登過高山的人，他要克服的問題其實頗多的，例如高山症等，而且他去的時間又是雪季，結果碰到了一場風雪。在高度八千多公尺的山區裡，一旦你遭遇到了險難，那真的是叫天天不應，叫地地不靈。一般人即便是職業登山家，他們也極容易碰到雪崩或冰瀑的天險，高山症和凍傷都是經常有的事情。在這一次的行動中，由於他閃神，跌落到旁邊的一處小山谷，最後多處折傷，再加上在零下極冷的溫度裡，等到尋求到救護的時候，他已經面臨有些身體部位需要截除的命運。

「你想想對於一個天生具有傲氣的人來說，這是一個多大的打擊！他整整用了三年的時間才讓自己的心情平復下來。這中間他不止一次地必須去面對手術與身心的煎熬，讓他有種生不如死的感覺。他的家人拍了照片來給我看的時候，我也被影像裡面的情景給驚嚇住。後來我和他通了電話，我知道人在極度地沮喪時，你和他說什麼，他其實都聽不進去。但我相信他是一條漢子，他絕對不會傷害自己，所以我記得我當時只跟他講了短短的一段話。

「我跟他說：『你曾經克服了種種困難，拍攝到一種罕見的樹，叫做龍血樹，你記得嗎？你曾經給我看過，我也知道這種樹木是極為罕見的，據說它的壽命可以超過八千年。重要的是，這種樹木本身擁有不畏懼外力傷害的本事，即便是再大的創傷，它也能夠迅速地恢復過來。不但如此，任何人身體上有任何的病痛外傷，只要擁有龍血樹，絕對都可以獲得痊癒。現在你最需要的，就是以龍血樹作為自己精神上面的救贖指標！你要學習它千年不死的精神，同時還要把你自己堅毅的求生態度作為鼓舞人們最重要的實材。我只能跟你講，你不能倒下去！身體可以七零八落、殘缺不全，但你的靈魂絕對要是松喬之壽，永生不朽地長存下去，這是我對你的期許。』

「沒想到我嘗試著鼓舞的話對他起了效用，他很快地再度起身。雖然他沒有辦法再按快門，也無法像過去千巖萬壑地去探取人間奇景，但他選擇了教學，把自己畢生所學傳授給下一代，同時也和老婆經營和器材相關的生意，這幾年有極大的成就。」

耿介文經由我對他的一番勸慰之後，他也得到了一些啟發。他知道未來的道路也許是艱辛的，但他相信人只要有心，老天還是會給他一條路走。自助天助，是他目前最重要的唯一人生指標。

無論是任何人、任何身分，我認為對待生命最重要的就是態度——絕對的尊重，絕對的堅強，絕對的樂活，絕對的達觀，絕對的進取，絕對的放下，絕對的寬恕，絕對的理性。人生至此自然一片坦途，即使洪浪滔天，平舟亦可駛，有什麼可以罣礙的呢？人世中的萬事變遷恰如杯中之酒，百年一晃，豈見皓月當頭。這令我想起了法國的大思想家伏爾泰，他一生用筆桿對抗醜陋的政權，但遭遇到的是無止盡的牢獄之災。他不但沒有因此放棄自己的滿腔熱血，在獄裡還天天詼諧暢懷地度日，並且完成了多部著名的鉅作。即便他被驅逐，流亡他鄉，也還是慣用他笑看人生的幽默，寫下了不少啟發人性的劇本。他充滿傳奇的一生，在八十四歲即將要臨終的時候，他要身旁的人把他的棺木一半埋在教堂裡面，一半埋在教堂外面，這種瀟灑而又幽默的處理方式，留給人們無限的啟發與追思。

一個人有權力決定要如何過生活，但如果要活得有意義和尊嚴，那就要真正地成為世間不可缺乏之人，從事一般人無法可做之事。我想，如此的人生才是有意義的人生。

08

呂蒙正的勸世文

人的一生何其短促，譬如落日，
重要者心室恢曠而已，若是能心置太虛，
宇宙世界之奇觀亦可總覽於眼前。

出身寒微大學士的勵志人生

我對呂蒙正的認識，是來自於十幾歲學道時先師的一句話：「學道先須學貧，學貧後方清」。初時不解其意，求惑於先生，師父說：「現代人任何事情都求速解速成，原因來自於我慢和欠缺智慧。先要空諸所有，內外滌盪一切諸障，如此才可示以求道之徑……」為人處世也是如此。人秉業氣而生，出娘胎之後若沒有道德醒覺、文章以為圭臬來自我提醒，人是容易放縱的，也容易迷失自我。於是那段時間裡，先師便告以：「呂蒙正的醒世文需要誦讀再三，直到爛熟於心，對於未來的人生會有莫大的好處。」

由於長時間讀誦了呂蒙正的文章，自然對於其人其事必然有所了解。他是北宋時代的人，出身極為寒微，父親在他懵懂未識之時便把他和母親給遺棄了，因而慘遭所有親友的白眼。說起人世間人情冷暖這般的體會，呂蒙正自小都嘗盡了。生活中最落魄的時候，他還當過乞丐，但由於自小受庭訓和所讀詩文之影響，他根本不適合當一名乞丐，即使每天流落在鬧市裡乞食，但他的樣子引起不了別人對他的關注，經常是有一餐，沒一餐的。有一天，他在乞食時，碰到了一位老婦人，這老婦人其實也留意了他一段時日，知道他非池中之物，只是暫時性的落魄，於是告訴他：「年輕人，這口飯不是你能吃的，這樣繼續下去，你非得餓死。這樣吧！前面有座寺廟，你去那邊找寺廟的住持，他會賞你飯吃。」

呂蒙正聽從了這名婦人的指引後，逕往那座寺廟走去。寺廟住持看到年輕有才的呂蒙正，雖然衣衫襤褸，卻遮掩不了那股少年書生的傲氣，令人十分欣賞。雖然父親遺棄了他，但父親留下的書籍卻是他精神上最大的依託，哪怕是乞食，也是手不釋卷，所以當然無法像其他的乞兒一般容易覓食，住持會意過來之後，便請廚房給予齋食。就這樣，一段時日裡，呂蒙正只要是乞食無著，最後的希望之處便是寺廟。寺廟住持是一位明事理、有智慧的長者，他認為如果每天都對呂蒙正有求必應，會令他生起依賴感，這麼大好的青年豈不終身要當乞丐？於是就用善巧的方式漸漸地刁難呂蒙正，好讓他對自己的未來能夠在乞討之外另起爐灶。呂蒙正為了要討生活，開始得活窮變通地另覓生路，他曾擺攤賣字，煮文療飢，用他的工整字體為人修書。那段日子也極為困苦，街坊看不起他，街役官差三番兩次尋他麻煩……這便是呂蒙正慘綠的少年生活。

但後來，呂蒙正把這些遭遇都當成奮發向上的踏板。日後十載寒窗，一朝終於金榜題名，在宋太宗年間得了個狀元。他的出身曾經引起宋太宗對他的讚嘆，還為他題詩設宴，這個規矩日後也成了古代朝廷君主為每一個當朝狀元贈詩設宴的濫觴。呂蒙正是中國歷史上第一個出身微寒，最後平步青雲，扶搖攀登宰輔之位的人；不但如此，他還歷經兩個朝代，做過三次的宰相，受封為大學士國公的殊勝爵位。由於早年的貧困，令呂蒙正極有同理心，善解民意，經常救濟貧困，行善樂施，所以他的後半生一直是極為平順的，直到他離開人世間，所居住的宅第也就是後世皆知的呂文穆園。

呂蒙正有著不平凡的人生際遇，一生中奇遇頗多，但我個人對於他處世的態度及他所著的醒世經驗談，印象特別深。在他的自我描述中曾經說到，人家曾問他：「你在幼年乞食的那段時間，親友、鄉民都視你如鼠，甚至經常有人鄙視地對著你侮辱罵道：『你是個卑賤的人！』你那時的想法是怎樣呢？」呂蒙正回答說：「我從不以為意，因為我知道我一點都不卑賤，我只是時運不濟而已，日後我必定有發達的一天。」後來呂蒙正高中了狀元，而且官運亨通，只在一人之下，權位登峰造極，無人能及。昔日給他白眼的那些近親遠鄰，甚至欺負他的那些街頭官吏，都極盡所能地以能一睹廬山真面目為滿足。那種今非昔比的待遇，旁人問及呂蒙正說：「請問大人，你有什麼想法？」呂蒙正回答他們說：「我其實心中沒有太多的想法，我只是自然地感受到人人都覺得我是尊貴的人，但我認為這只是我的運氣到了而已。」

呂蒙正如無雲虛空般的壯闊胸襟，也表現在他過人的孝養上。例如年少時把他母子倆拋棄不顧的父親，在他日後顯達了，便千方百計地把他的父親接回來，讓一家三人團聚，他完全沒有埋怨父親。這種氣度，絕非現代有些人棄養父母或和父母反目成仇，以及視同陌路這般令人髮指行徑所能比擬的。由於曾經受到僧道高僧、世外高人的教化，即便在人生那段起伏極大的際遇裡，他始終能夠用「看破有境塵緣，悟到無懷境界」的態度面對一切，如此才能從大死大活的五流壞世裡，獨得生死活潑之機。因此他不為人知的過往，反而成為他躋身萬人之上重要的資糧，否則他如何能夠寫下傳世不絕的不出文章《破窯賦》？

童年創傷與自我療癒的歷程

姚仁澤是我二十年前結識的一名學生，他是由泰國籍母親和台灣籍父親所生的一名中泰混血兒。由於父親長年在東南亞跑業務，再加上生性風流，在不同的地方都和不同的女子有染，而泰籍的母親也無法拴住他的心，改變他性好漁色的個性。姚仁澤就在這種缺乏完整家庭及父愛的環境下成長，造成他好勝心強及缺乏安全感的人格特質。從小學一直到大學，他怯懦怕生、不敢表達自我的習性，也使得他的人際關係乏善可陳。當初他所居住的處所是在中山區的條弄裡，這個區塊早期是美軍和日本商人流連之處，每當夜晚時分，華燈初上，許多酒店就有鶯鶯燕燕的女子打扮得綽約多姿，迎來送往陪笑於不同的酒客之間。姚仁澤的泰國母親和友人頂了一間酒店來經營，晚上便在自己的店裡招呼客人。或許在如此的環境薰陶中，姚仁澤長大之後學會了如何觀察人性及討好他人的特長，這也為他往後的人生帶來了正面和負面的逆差際遇。

大學畢業後，姚仁澤在一家五星級飯店上班，負責客房業務。由於後天環境裡的影響，很快他就升遷到主管的位階，但是也由於家庭環境和從小未被關懷的因素，導致他缺乏自信又在意他人眼光及評語，這也讓他在成長後的人生過程中吃了不少苦頭。升遷主管之後，姚仁澤因為好求表現和喜歡他人讚賞的眼光，使得他習慣性地說謊和越權行事，造成他遊盪於各大飯店之間，很快地在業界成了不受歡迎的從業人員。連和他交往多年的女友，最後也因無法忍受他多變、猜疑及過度的控制欲而離開了他。

就在姚仁澤人生最低潮的時候，另一名學生在一次聚會中引他和我結識。初見面時，他的一雙眼睛無法專注地看著我，不斷地飄移擺動著，這證明他是一位在陌生環境中防衛性強且缺乏安全感的人。在談話過程中，我問了他幾個問題，他的頭總是壓低而無法立即正面回答我，這也將他對人的習慣性不信任感表露無遺。在聚會結束後，引他進來的那名學生說希望可以給他片刻的提問時間，我滿口答應，其實心中也極關心這位失落年輕人的心理狀態。

剛開始時，是由那名學生幫他提問：「老師，小姚多年來唯一只信任我，他的許多事情我都比較了解。現在麻煩的是他由於長期地睡不好覺，多年來服用醫生開的鎮定劑和安眠藥已經無法讓他平穩地休息，晚上只要一躺下，就會一直被莫名其妙的夢境所困擾。現在陪伴他睡覺的就是一大杯的威士忌和安眠藥，起初還可以睡得安穩，但最近晚上總會起來個好幾次，這令他極為困擾，情緒很容易就會暴怒。因為這個毛病，使得他的情感生活也一直無法穩定下來，雖然已經年過三十，女友也因為他暴躁善變的個性離開了他。這段時間是他最難熬的時期，曾經有幾次萌生了輕生的念頭。最近他的母親也被診斷出肝癌，他一時之間失去了方向，我才帶他來看老師，希望可以給他的人生一個轉機。」

我仔細地觀察了姚仁澤的身體和臉色，心中覺得極為可惜。在一表人才的外表下，所隱藏的竟然是一顆如此支離破碎的心靈，這絕非偶然。一個人的造化和他的累世因緣有關，為什麼同樣的出身，日後際遇卻截然不同？除了佛家所講的因果和業力之外，後天家庭的教養是極大的一個關鍵。從心理學的角度來看，如果從小和父親的關係比較不親密或父親的父權過高的家庭，小孩子通常會缺乏自信，無法長時間從事靜態的事務，自我約束力較差、不合群，甚至在言語或行為上還會有攻擊性的反應。這類的小孩極度地敏感，並且缺乏安全感，如果沒有妥善的關注，日後會形成極大的人格偏差，甚至於無法照顧自己，很多人日後也會形成憂鬱、焦慮等等心理疾病……我大約問了一下那名吳姓學生關於姚仁澤這幾年的近況，就可以掌握到導致他今日如此的原因所在。

「你願意試著調整你自己嗎？你可以給自己一些時間和機會去嘗試新的生活嗎？」我如此地問著姚仁澤。

「這十幾年來，其實我一直在欺瞞著自己，包含我對客戶、主管所講的話，還有對我身邊的人、家裡的人所講的話，其實都是非自發性地表達，到最後我也不知道我所講過的話，哪句是真？哪句是假？我從小養成的習慣，就是希望別人看得起自己，希望別人重視我，所以我都挑最好的講，現在已經麻木不仁了。但有時自己獨處的時候，實在也很討厭自己這種個性。尤其面對真正關心我的人，事後我也會產生極大的愧疚和矛盾感，但很快我會藉由其他的場景把它給帶過去。只是這段時間以來，生活中發生了太多變化，我也有了歲數，我對自己的生命開始徬徨，不知道如何走下去。」姚仁澤聽完了我的提問之後，如此回答我。

「你能夠自我警覺到自己的問題，這便是好事，是一個很好的開始。首先我要告訴你，你沒有任何心理疾病，你不要亂服用藥物，它會令你更加地茫然。你需要的是建立自信及誠實地面對自己，不要去回顧不愉快的過往和人事物，每一天、每一個當下，你都要歸零，多接觸幽默風趣、樂觀、進取、自信夠的人，與這些人多接近。飲食、睡眠要正常，如果有可能，多去參加一些成熟人的聚會——年紀和你父親相仿的社團，從裡面找些你對他有安全感，有學識、幽默、樂觀的成功人士，多和這類長者往來，從他們身上，你會看到許許多多你所渴望和可以轉化的希望和依據……」我一邊泡著最近才剛從雲南收到的一批普洱老茶，一邊沖洗著茶杯，一邊和他們聊著。

姚仁澤的個案，其實是這個世代隱藏在社會各個階層裡許多人內心的隱疾。常見許多頭銜亮麗、外表顯眼，所謂的成功顯達人士，每當他們來到我的茶堂時，雖然執壺談笑間，對方盡說些談霏玉屑及軟話麗語，一席話下來，終究情感還是潰了堤，無法顧及自己的身分及地位，在和我沒有任何利害關係及四下無人的狀況下，開始侃侃訴說著自己在不為人知的人格缺陷及行為偏差之下，曾經百般不願地做過的那些傷痛往事，以及那些伯仁為己而亡等等隱藏在自己道德良心之下的情事。有的人必須靠藥物才能安然入睡，有的人定期和心理醫生做諮商治療，但每天這些人還是活在不知情的粉絲圈中，或者靠著掌聲勉強度日，但其實他們的心中是極度地缺乏自我及自信的。

這是在這個世代裡已經潛伏著極長一段時間的世紀心理黑死病，如果沒有適當的防護機制，未來的社會裡，有時連你身旁的人心裡在想什麼，你也無從獲知。人跟人之間，剩下的僅僅是表面上的肢體互動，及臉皮、嘴巴所表達出來的官方話術而已，那就更不用談到信任、忠誠和道德規範的問題。

話說呂蒙正顯達以後，曾經也做過宋真宗的師父，也有人提到呂蒙正當初之所以能夠轉化宋真宗的桀驁難馴，令其浮動的心性調伏，主要是因為呂所寫的醒世文所致。姑不論其真偽，但在我往昔幼時讀來的確能使人感心動目、迴盪心弦。醒世文內舉出朗朗大篇的歷史名人典故，藉以鼓舞人心，從孔夫子、姜太公、堯、舜、張良……全部都是一時之選。例如他談到孔明未被發掘前，只不過是個茅廬閒士，哪知日後能遂凌霄之志？那韓信原是一名本無縛雞之力的文弱書生，憑什麼日後封侯拜相，成為漢朝的大將軍？楚霸王雄才偉略，為何在烏江上引頸自刎？有些人空有滿腹經綸，最後終生卻和金榜無緣；有的人只讀了幾本題庫卻能一夜成名，有的人先盛後衰，亦有人先貧後富，即便你是世出之蛟龍，未得勢時，也只能混身於魚蝦之境；有德之君子一旦失勢，終歸屈居於小人之下……呂蒙正更舉自己的遭遇為例，嘲諷世態之炎涼及時運之弄人，鼓勵後人有為者必得顯達。千萬不能因富貴、受人吹捧，揚揚不可一世；落難之時，也要有必然之風骨，不欺暗室。

我平日講學時，對於較年少、初入社會之學子，常鼓勵不要因為眼前的困頓、饑寒而氣餒，這是富貴將至之前兆；對於出身優渥或收入高豐者，我都勸其莫要隨意宴遊、飽食終日，因為這是禍害即將來臨之徵候。我也經常勸人要有「成名乃因窮困得，失敗在於自得時」的心態。對於目前正處於頹勢、毫無遠景、自我放棄的人，我都希望他們能夠暫時放過自己，不要給自己太大的壓力；也常希望他們能夠清閒度日、坐臥隨心，從時光中捕捉生活中一段真趣味。對於那些即將要從職場上退降下來的人，他們的得失心我也頗能體會，但是也都曉以大義，希望日後縱隱山林，才不會有世俗寵辱之心。對於剛步入老年、已經退休的人士，我便告以香、茶之道，使其能獲雲房縹緲、坐看氤氳蕩旋之樂。

人的一生何其短促，譬如落日，重要者心室恢曠而已，若是能心置太虛，則瀟湘的花雨、廣陵的奇濤、峨嵋的細雪、巫峽的雲霧、滄海的豔陽、宇宙世界之奇觀亦可總覽於眼前。假使惶惶得失於目前，絕非善取之事，也是沉淪之始。人應要多向水、石學習，自得心中優雅之氣，久久自能忘卻濁世之憂。水之至柔，因無自性，忘我無憂，可穿千山萬壑；臥倒之石不嫌其斜，依山之石不嫌其薄，盆中之石不嫌其巧，巨塌之石不嫌笨拙。人最忌諱自我感覺良好，如此就無法包容異己。時下一般人的通病都是在於得失心過重，無法面對一時的失敗，既在意他人的觀感，自己卻又缺乏定見，弄得上下皆非，左右不是。這樣子的人生，豈能鳶飛魚躍、淡雅一世？

09

生命絕對的美感

有缺陷的人生，不完美的歷程，
才能烘托出生命絕對的美感。

忘友茶堂品茗論道紀趣

前幾日和一位老道友煮茗夜談時，這位著書立說頗負盛名的道友突然間問了我一件事：「王老師平生有無值得回憶、難忘的過往？」這年紀已過七十的老友從我學生時代就已認識，如今他已滿頭斑白。他曾結過婚，但因性情古怪，也離了婚，眼下的生活就像他自己所描述的，撫琴、品香、茹素、讀丹冊、寫回憶錄、訪老友、度餘生，他說這是他眼下的幾件大事，我則視他為海外散人。我和他的結識源於永和求道那段時期，這位年紀比我大許多的道友原來已和崑崙老人學道多年，一日，因某學長的引薦而求見於我道家先師。他送了師父一件小葉紫檀所雕臂擱，刀法精湛無比，刻楮巧功已達目無全牛之境。這不可多得的好件是清代的物品，皮革滑潤，光澤四溢，這引起了我好奇。事後向他請問了古物行裡雜項的一些經驗，他也不吝傾談，我對這位老兄於是有了極深的印象和好感。他也不會因我和他的歲數懸殊而有所小覷，因此相互間時有往來。

「要我來說，我挺嚮往從前為了學道，往返於家中及永和師父宅第，那段歡愉的時光往事。到現在，師父晨間對我的訓示，以及從他一襲長衫飄然而出，那股因道德修養而成的峻節之氣，那種不亞於上等楠木的幽香，至今難忘……」

我倆的忘年之情就在茶酣身輕之際，侃侃不輟地深談到深夜。我們談畫，也數說歷代的書法名家，從六朝、唐、宋、明、清到當代，幾乎都聊到了。從他收藏的物件來路，一路說到了古琴和崑曲大家……無所不談，但最令我鏤骨入心的是和他聊到古真仙翁葛洪所著《抱朴子》一書的諸多陳述及內容……。

早年我對道教典籍的收藏及酷愛並不亞於佛教典籍，從明清的善本線裝書到當代的活頁燙金套書幾乎都蒐羅括盡。特別是《道藏經》，我在不同的講堂都各自典藏至少一套，最多的是明代版的《正統道藏》、《續道藏》、《道藏輯要》及《中華道藏》，而近代的《中華道藏》閱讀起來較為方便，也增補了不少資料進去，實為近代研究道學極重要的典籍。過去對於科儀、齋儀、符籙、洞天福地及失佚難尋的古真仙人相關史傳，甚至於製作丹藥的流程和配方……每當我遍尋諸處無法獲得之時，《道藏經》裡面幾乎都能予以滿足，它就如同一套萬全的道教備覽全書，查起來十分方便。

那段時間，師父也經常提及書中的傳承祖師，如陶弘景、魏伯陽、葛洪等……諸多先人的軼事和傳奇，其中葛洪仙翁最令我神馳醉心。在道教浩瀚久遠的領域裡，鮮少有如他一般的仙人，無論是在文學、經史子集、四書、《易經》、岐黃之術、天文曆算、丹藥製作、久視長生延壽之道……幾乎無一不精，只能說用淹貫精微、微妙玄通來形容他，尤其他的生平更有如一篇絕倫的神仙史傳。

葛洪仙翁救濟蒼生　啟示良多

葛洪也有他備嘗艱辛的幼年生活，原本的書香門第，就在他十三歲那年因父親離世令他飽嘗失依之痛。從父親的庭訓之中，自小他有讀經、抄書的習慣，但由於家中赤貧，於是只能白天到山區砍柴，把微薄的所得換取他所需要的筆墨和紙張，每日抄書都至天明。他生平唯一的樂趣便是讀書，和鄉里同年紀的族人鮮少往來，再加上他不擅人際，終日寡言，恰好可以做為讀書極好的藉詞。

說到葛洪日後的學仙之路，應該源自於他的伯祖父葛玄。葛玄曾和異人左慈學道，據說左慈住世將近三百年，曹操和他也有頗深的因緣。某日曹操心血來潮，欲嚐松江鮮美之鱸魚，左慈便用幻術，先要曹操備一銅皿，然後用釣竿從皿中釣得曹操所欲吃的一尾活蹦亂跳的鱸魚，此舉令曹操大悅，便用厚禮延聘他。後來因某事令曹操不快，他竟可以在追殺刺客的眾人眼前憑空消逝，這令曹操只能跺腳、扼腕不已。葛玄便是拜在這左慈門下學習丹經之術，但後來葛洪的神仙之路，卻是受教於葛玄的高弟鄭隱。

葛洪在他的人生之中，除了年少時期家道中衰所受的歧視和貧困外，日後對他影響巨大的便是當時的政治環境與社會風氣。在那種被宦官所挾持的無能皇室影響所及之下，原本以文立國，以儒道為主的中心思想，在葛洪的成長過程中，已經變成百無一用是文人，只流於清談而已，這令葛洪極度地痛心，超越於他自身所處的困頓環境。就在他短短的人生過程中，他就眼看著八位君主的輪替和為了爭權奪位，使百姓慘遭荼毒的場面。後來雖然也曾想投身行伍，解救生靈，但卻不能聞達，這令葛洪的人生更形困頓。

許多人在遭遇慘綠不堪的困頓人生之後，通常都會有著負面灰暗的思想，抑或逃避、推諉，竭盡所能地不去面對自己所不喜的任何外境。但是葛洪反而把一切的力量轉移到研究僊術及丹藥上，並且運用自己的技法和神通，幫助民間需要醫治的蒼生予以協助，而且往往都可以妙手回春。這段時期葛洪已經把自己半生所學，用低調、不求名利的方式遊走於鄉里默默行善，並且利用閒暇及睡眠的時間，蒐集編著了後來馳譽天下、流傳千古的大作——《抱朴子》，這書對於大中國道學源流及日後研究道家發展史是極為重要的瑰寶。

過去我曾一度對於丹經的鉛汞之術有著極大的熱忱，挖空心思從近代中西方各種的化學程式裡尋找方便的方法，但最終還是從《抱朴子》內容中獲得了極大的啟發。不禁讚嘆在那久遠年代，葛洪竟然已經有如此睿知天錫、聿超時空的智慧。當初他所用的方法，其實很多都是現代所使用於研發化學程式必需的公式。同時他對於中國漢醫也有極大的貢獻，也是最早以文字記載天花的人，不僅僅如此，對於日後結核病的預防，其實早已經在他的記載中有所描述。他在南海西樵山的期間，大量著述並且研發出許多日後對於人類健康有益，為數不少的劑方，可以用來消毒、防腐和對皮膚及各類炎症有效益。最重要的是，葛洪在距今約一千七百年前，就比現代的醫學更早研發出對人類有貢獻的許多藥物和製造方法。

葛洪對於後代最大的貢獻，不僅僅只是因為他是道教千古不糜的祖師，從他的一生展現中所學習獲得的是——無論修仙、修道或做人處事，最重要的是一定要有屹立不搖的自信心，以及絕對不會崩塌的意志，為求遠大的目標，不畏懼任何的險阻，訪仙求師定要有犧牲生命在所不惜的虔誠心。修道的目的不僅為個人解脫，還要以利益廣大的眾生為己責，打破以往的解脫傳統，除了性命雙修，篤守純真之外，還要能配合大自然煉服金丹。在修煉之餘，心性需要用於積善行功，一切言行坐臥之間，絕不能有自私利己想法，所做所修，心思存想於天下蒼生。這是葛洪有別於一般修真之士獨樹一幟的風格，我個人在刻己自責方面若有些許長進，葛洪仙人惠賜良多。

昔日在儒、釋、道的路途上，一路走來，其實也結識了不少良師益友，或是從後學同修間，也見識了許多在現實生活上雖然遭逢了子夏懸鶉、顛沛困挫，但卻不會因為現實的窘困而放棄了良知的追尋或違背軌範之人，其實也令人充滿了謳歌讚揚之情。

從不完美走向絕對美感的故事

柳毅和我的結識，應該大約是在九〇年代末期。那時我開了《易經》和《南華經》等課程，當時講課的地點是在忠孝東路四段，學員大約有一百多名，其中以社會人士和政、工商行業中的主管居多。他們莫不都想要明瞭易學的博大精深，有的想知道如何運用在現實生活中可以縱橫捭闔，決勝千里，有的也想在職場上可以知己知彼，所以有興趣的人其實早時頗多，一星期一堂課，前後共有三個班，都各約百名左右。由於學員中各行業都有，倒也令我得到了教學相長之效，也看盡了各行業之間的辛酸甘苦和林總多采，收穫頗豐。柳毅摻雜在這群人當中顯得有些突兀，他個子不高，黝黑的膚色，不像是漢族的黑，乍看之下反而極像是印度人，在都是黃皮膚的團體中特別顯得眾目具箸。初時因為我有其他世俗事務纏身，每每一下完課我轉身就繼續趕場，所以大約有著這個人的初具印象。

這個班級是半年一個梯次，通常這中間都會安排聚餐或課外教學活動，這才有機會和學員們在情感上有所互動交流。我因為從十八歲之後就開始師心自用，為有緣之人引度中國傳統拳術、功法和《易經》……因此大多數的學員歲數都年長我許多，長年下來比同年齡的人更為諳於世事、練達老成，這大約是在三十五歲前的境況。和柳毅在一次的餐聚中，他提問了健康方面的問題，這引起了我想進一步了解的好奇，於是便和他約定時間在我開設的茶藝館見面。

在和柳毅茶談的過程當中，我對這位年紀比我稍長的異鄉人生起了某種識才尊賢的敬重感。原來他的父親是印度人，母親是台灣人，母親和父親的異國婚姻在當時親友間大多是持反對意見。但母親當時已經懷了他，外婆在愛女情切之下，力排家族所有的阻力，答應了這門婚事。但沒想父母結婚三年之後，父親就因癌症離開了人世間，母親天生個性堅毅，不想連累娘家的人，於是就帶著他到高雄重新開始另外的人生旅程。一開始她原本是在一處報關行上班，後來結識了一位在海關工作、年紀比她還輕的男人，也不知道是否是過去世的孽債，母親竟然為了這名男子，不顧年邁外婆的百般勸阻，一意孤行己見、剛愎自用，捲入了這名已有家室男子的生活。

此後柳毅就經常見不到他的母親，他大概是那個年代最早的鑰匙兒吧！柳毅說他小學一二年級就經常獨自回到家中，空蕩蕩的房子就只有他一個人。他學會了燒飯及打點自己的一切，時間到了他就自行睡覺，也不知道母親是在三更半夜的什麼時候曾回到家，所以他的童年裡關於母親的回憶其實是很不愉快的。後來外婆實在看不下去，才把他接回台北，住在天母一帶，暫時地安定下來。或許自小失去依怙，寄人籬下和外婆、舅父生活在一起，養成了他獨立自愛的個性。他唯一要做的事情就是努力讀書，用好成績來博取外婆對他的鍾愛，所以其實他內心深處是缺乏安全感和自信的。國中之前，舅舅因為聽信朋友的建議，投資失當，把外婆含辛茹苦、節衣縮食僅有的老本都賠光，房子也慘遭拍賣，最後他也只能隨著年邁的外婆暫時租屋在中山北路一帶。而這時他生命中又發生了一件讓他猝不及防、出家敗御的事情——原本已經很多年失去音訊的母親，有一天他卻突然從外婆那邊得到了訊息，知悉母親得了子宮頸癌末期，剩餘的時間已經不多了！這屋漏偏逢連夜雨的遭遇降臨在柳毅的童年裡，相信任何原本應該享有天倫之樂的小孩都無法接受這般的事實。柳毅回憶說：「從國中開始，為了幫外婆節省家庭開銷，我就幫忙輔導小學生，當家教賺取微薄的鐘點費用，我的生活就只有讀書和補習兩件事情，對於大人的世界我無力管，也不想去介入。」

隨著母親的去世，過了一年，他的外婆也離開了他，這時他已經在台北一所第一志願的高中就讀。每天五點就起床送報，下了課別人都在補習或唸書，他卻身兼兩到三個的家教班，為賺取學費而奔波。三年的時間飛也似地過去，他也順利考上國立大學，而且是他所喜歡的科系。當了新鮮人的他由於文采斐然，才思敏捷，眾望攸歸地當上了班聯會代表，這時他已經開始投稿到不同的報章雜誌賺取稿費。總之，大學的生涯就在繁忙之中度過，也由於他的在校成績優異，還沒有畢業，就有兩三家公司爭取他，但可能因為長期的睡眠不夠、營養不足、勞頓過度，有一天早晨他突然間就起不了床，眼睛也模模糊糊地看不清楚前方，可是他還是強忍著起身去做已經和人家約好的家教工作。

這背痛的毛病此後接連在一個月內發作了好幾次，起初他只覺得從背後沿著臀部整片都痛楚得無法翻身，之後他漸漸地感覺到連上半身都無法很自在地彎身或後仰。而且在那段時間裡，即便他沒有吃太多的東西，也會不斷地瀉肚子。這情形被他當時的房東發覺而關注，建議他儘早去看醫生。後來，疼痛的區域愈來愈明顯，有時他晚上也會痛到醒過來，特別是早晨起床時，明顯感覺到整個脊椎和背部的疼痛極度不適。最後他去醫院照了片子，診斷出來是典型的僵直性脊椎炎，醫生給他的建議是要多休息以及做復健。但是由於他要支付過往貸款的費用，所以每天都有兩三份工作需要不停地輪流完成，因此醫生的建議對他而言是毫無意義。最後他只能帶著護腰，勉強支撐著繼續辛勤地工作。

由於從小就沒有好好地保養和營衛健康，體質原本就不好，一次的體檢中檢測出來他是C型肝炎帶原者，也有脂肪肝。醫生強烈建議他要休養，不能過勞，因為他的肝指數非常地高，已經在危險範圍之內，幾乎是肝硬化的前兆。天生在惡劣環境成長的柳毅雖然知道這個情況，他仍然執拗地瘋狂工作，最後終於抵不過詬龜呼天之耗，被宣判得了肝癌。當他知道這個訊息以後，起初他也像大多數病人一樣不能接受，一度也曾如同無人照看的花朵一般飄茵隨溷，自我放棄。那段日子對他而言印象是深刻的，這在他跟我傾談的過程中，從他深蹙的眉間和生硬的話語間可以感受得到。

「你後來是怎麼走過來的？」我帶著憐惜的語氣小心地探詢著他。

「上天畢竟待我不薄，活該也許是我得到命運之神偶然的垂顧吧！就在我的肝被切除了三分之二後，療養的那段期間，我認識了現在的伴侶小嫻，她是負責照顧我的護士。她雖然是護理人員，但心思極為纖細，平日又喜歡讀些軟性詩詞之類的文字及勵志小品文章，那段住院期間的日子裡，完全託她的細心照拂，我恢復得極快。兩人也因為經常性的接觸，培養出微妙的情感，我對她從那個時刻起，似乎也生起了一種托柱之情，漸漸地兩人就走在一塊兒。

「小嫻原來一直有注意充實性靈這件事情，所以除了本科之外的專業領域，她都會利用閒暇跟假期上些修養心性相關的課程。她在日常生活中給了我許多正面激勵性的話語，這便增強了我想進一步了解與生命存在意義相關智慧的想法。後來出院後，我也持續觀察追蹤了很長一段時間，直到數年後才脫離了危險期。我覺得除了愛情的力量之外，一個人的自信和潛能是不可限量的，這也是我為什麼會來老師這裡上課的主要原因……」

柳毅在往後的人生中，因為得到了小嫻的啟發，他後來繼續申請讀研究所，一直到博士班，都很順利地通過並取得學位。並且他和小嫻的兄長一起合作創立生物科技研發的公司，截至目前為止，一直還算頗為順利，公司也小有盈利，也不斷地增長……。

在攀談過後，我對他尊重生命的態度有著瞻望咨嗟之情，針對他所提問的部分，我除了給予無私的回答，還教了他幾式吐納養身的功法，為這次的聊天譜下了完美的句號。日後在課程結束之後，他也會利用閒暇與我保持互動及問候。

人的肉體如果認真區分，有諸大系統，但離不開的是身體內部的神經系統及內分泌系統，這兩個部分如果可以統合，基本上表示這個人的情緒、精神狀態是健康的。醫學上所講的大腦皮質、腦下垂體、性腺和內分泌，是包含在道家所主張的精氣神之範疇。而組成人類存活欲望的來源和物質世界是離不開的，物質世界用宗教家的字眼就是「色」的世界，小至眼睛所能看到的粉塵、螻蟻，大至現代科學所研究的不滅定律，所有的元素單位代表都在這個範圍內。如果人類懂得善用潛意識來超越物質世界，那轉化能量是絕對可能的。就像葛洪仙翁畢生所鑽研的，莫不是為了數千年後人類生命福祉所做的不虞預留寶籍，所差的是現代人無法得窺秘奧，只能遺憾在人間，這當然和人類的道德、福分有關，所謂的「苟無至德，大道不至」便是這個道理。

前面所提及的柳毅一案，原本已得癌症後，為何又能回天有術？原因無他，除了枕邊人給予重生的力量之外，事後他願意相信我給予的靜思瞑目、吐納握固、心定無喘、去除一切塵思、篤志專精，如此配合教式，竟也可以令色身轉危為安。如今他的體力不亞於年輕力壯者，理由何在？潛在的信念，這就是生命的標籤。我常講生命成長的可愛來自於四大流程，如果人一出生便是完美的，這個人生就註定是悲劇；人類苟一出生，便不用經歷跌撞，直接可以奔跑，這豈不是怪哉？有缺陷的人生，不完美的歷程，才能烘托出生命絕對的美感。

10

一位諧星的世紀啟發

一個人一旦離開了對待觀看，
這個人就是用絕對的開放態度看待人生，
這便是一場喜劇。

看卓別林如何將悲劇提煉成喜劇

一個樣子長得逗趣、靦腆卻又秀氣的五歲小男孩，本來每天都跟著在雜劇團裡靠著當丑角為生的母親，一起出入大小秀場。有一次他的母親倒了嗓，無法上台表演，這可急壞了劇團的老闆。最後老闆想了個妙策，滿足已經購票入場的觀眾，那便是把才五歲大的卓別林推向舞台。為什麼老闆會有此突發奇想呢？因為他已經不止一次看見小卓別林每每在台下，模仿著諧星們那些令人發噱的詼諧動作，早就發現卓別林極有天分，只不過年齡還小，也就作罷。這次是情非得已，老闆才冒險請後台的主持人特別介紹他出場，其實當場最緊張的還是劇場的老闆，深怕觀眾會噓他、轟他下台。但沒想到小卓別林上台後，不僅表現得可圈可點，而且把原本他母親的角色表演得更貼切，范水模山般地唯妙唯肖。這引起了台下如雷的掌聲，許多人被這五歲小孩生動的表演給看傻了眼，起立鼓掌了老半天。觀眾不斷地喊安可，小卓別林也就一首一首地接著表演，台下如癡如醉的觀眾整個晚上都被這位小男孩給征服了……這便是世紀喜劇泰斗卓別林爵士邁向舞台的處女秀。

小的時候，常常會看到一個戴著高高帽子的外國人，上半身穿著整齊但看起來很可笑的西裝，頸項間搭配著蝴蝶領結，人中的部分蓄著一撮如毛蟲般的小鬍子，褲子鬆鬆垮垮又皺皺的，窄窄的褲管配上誇張的一雙大皮鞋，鞋頭翹得有些過頭，手上拿著一支拐杖——這種特殊造型便是卓別林的特殊標誌。偶爾看過幾部卓別林的黑白電影代表作，年輕時的他，在詼諧外表下的俊美臉龐，稍帶憂鬱的雙眼，如果扯開他作秀時的戲裝來看，他還真是一位擁有偶像劇主角般外表的俊男。但從小就被塑造成的諧星模樣，一直伴隨著他七十多年的演藝生涯，直到將近九十歲過世。這段漫長的歲月，讓卓別林在這個時代表彰了極重要的象徵意義。

在默劇的時代裡，卓別林縱橫當代影響了當時整個電影圈，他以卓越的才華，一人負責編撰劇本，也當演員，又一手編導，若無過人的才情，是無法分飾那麼多的角色。在整個電影史上，談到諧星，冠絕一時的應該就是以卓別林為首，也成了後世的楷模。往後許多演藝人員也都曾仿效過卓別林的特殊裝扮及行頭，但皆畫虎類犬、刻鵠類鶩地令人發笑，畢竟，這其實是要有極大的天分和醇厚的內心情感，才有辦法發揮得爐火純青。年少時期，一度我也曾對卓別林乾脆利索的肢體藝術驚豔佩服過。

說起這位喜劇界的泰斗，如果對他的生平有些許認知的人都會明白，他那精湛的表演藝術，和他自幼所經歷如悲劇般的人生是有些關聯的。或者說，他外型逗趣的表演型態，其實就是在演繹著他人生中曾經走過的悲辛歲月吧！他自小不幸福的童年生活，從他父母的離異到他和異父同母的兄弟共處一室，這期間所發生許多不愉快的童年往事，對卓別林來說印象是深刻的。

後來，原本身為全家經濟支柱的母親，也因為喉疾，再也無法靠演出謀生，這時兩兄弟只能過著顛沛流離、進進出出兒童收容所的日子。同年齡小孩不斷地揶揄和嘲笑，幾乎是他幼年時期每天都會發生的平常事件。當父親離開人世後，他的母親更因為長時間的憂鬱和壓力，抵不過命運的唆使和捉弄，最後精神崩潰成了瘋子。但卓別林沒有因此被擊垮，他不畏懼命運的挑戰，每天早晨在市集裡叫賣新鮮的花朵，接著就去送報紙。只要是能夠掙錢的活兒，他無一刻停歇，不懈怠地拼命工作。他擦過皮鞋，也當過學徒，這些人生的早期閱歷，反而是塑造出他未來在銀色生涯中獨樹一幟，磨練出精湛演技的重要經驗。二十五歲之前的卓別林，除了孜孜不倦地在專業領域上學習、體悟之外，同時也為了生活和填飽肚子，嘗試著各式各樣的工作。最後有志者事竟成，他被一家電影製片公司發掘，看出他是影壇的奇葩，努力地栽培他。因為這樣的一個人生轉折，他在銀幕上整整活躍了六十年的時間，和他的粉絲結下了電影的不解之緣。

卓別林不平順的早期生活，恰好成了磨練他表演內心戲時極大的助緣，加上他悲天憫人的個性，使他決定用小丑和販夫走卒的角色，來反映社會中下階層的心聲，也藉此敲醒那些市儈而又自私的商賈。沒想到後來他的裝扮及演技，令他在電影史上留下了不可抹滅的重要印記。他詼諧而又不失風度的表演，在當時成了很多人的精神支柱，許多小人物也因為他，對生命充滿了陽光般的信心。就這樣，他一生中都發光發熱地為電影作奉獻，當他獲得奧斯卡最高榮譽獎章這份殊榮的時候，現場的觀眾起立歡呼鼓掌長達整整五分鐘之久，這在電影史上是從未出現過的特殊景象。連英國的王室也特別頒發獎章給這位影壇奇才，並封予爵士的身分。如今他已經逝世一段時間，但是他留給影迷及後代粉絲的卻是永不息滅衰竭的美好形象，他的一生絕對是精彩而有意義的。

絕對的成功來自絕對的勇氣

林義勝和我結識少說已有二十年以上，他現在已經是擁有八家公司、二家工廠的負責人。早期他曾上過我的一些課程，後來因為事業上的忙碌，經常要進出中國視察生產線，所以無法繼續來上其他的課程。但每逢他人生有徬徨或事業上有難以抉擇的癥結時，他會透過電話或者利用時間來看看我，並且分享他生活上面的點滴。他在事業上的成功並不是憑藉著家世或背景，他其實是活生生白手起家、經營有成的一個代表。他沒有亮眼的學歷，甚至只是職業學校畢業的程度，因為家庭的環境並不好，初中時父親就去世，母親靠著在電子工廠當女工，勉強打工養活他和另外兩個弟妹。由於母親的薪資也僅可以維持一家四口的溫飽而已，林義勝和其他孩童不太一樣，他在國中時就必須得和媽媽一起去電子工廠打工，一直到高中，他的學費都是這樣子賺取的。由於他能言善道又手巧靈活，再加上討喜的外表，引起了電子工廠老闆的賞識。

有一天，工廠老闆問他：「你畢業後想繼續升大學？還是對電子行業有興趣？」林義勝也沒考慮太多，直接就回答老闆說：「我對電子產業有興趣。」沒想到這句話成了林義勝往後人生的極大轉捩點。老闆本來就有意栽培他，後來就把他從生產線調到業務單位，一直到服兵役前，他在公司裡的表現一直是可圈可點，極受老闆的賞識。老闆有兩個女兒，其中一個對林義勝的才華極為欣賞，雖然他們兩人沒有一般男女的激情和熱戀，僅僅是近水樓台及日久生情，但是在老闆的祝福及贊同下，兩人結為連理。由於和老闆的關係更親近，這令林義勝更加努力不懈地為公司盡心盡力，幾乎以工廠為家，夙夜匪懈地研發新的產品。

也許他的成功，正是來自於他的不懈毅力及不動搖的目標。曾經，他也經歷過幾段艱辛的過程，包括員工流失過半，但他毫不氣餒，窮且益堅地周旋、紓困，反而令他愈挫愈勇，可說是在業界不可思議的敗部復活典範。最後他到內地投資設廠，這令許多電子業同業跌破眼鏡的行動，後來卻讓大家刮目相看，因為他的背水一戰及掌握到恰當的時機，這次轉型反而令他成功了。

「想請示老師，我這樣子的決定是對？還是錯？」

「任何事情都難保百分百的成功，但有一件事情是你可以決定的——冒險和堅持，這兩項是成功人士必須具備的信念。剛毅和不墮是你目前必須堅持的，無恆心則必退墮，唯有堅持不退的心，才鑽得過命運的渦輪。所謂鍥而不捨，金石可鏤，沒有耐心的樹，絕對長不成黃金累累的果實。我了解你的運程，起初兩年會很辛苦，但是只要你善用你的智慧和耐心，必有所成，不要害怕。苦風淒雨才能灌溉幹練的大樹，你要記住你是在跟自己競賽，你要嘛就爬到頂端插旗再喘，不要停頓，不要回頭看，否則恐怕要跌落谷底，難以復甦。記住！絕對的成功，來自於絕對的勇氣。你沒問題的，去闖闖吧！」我當時是這樣子告訴他。

這段話是林義勝在一次會談時，曾經感性地對我說，當年他在徬徨的時候，我是用這段話鼓舞他的。他說言猶在耳、永遠難忘！我對他說：「雖然你現在已經事業有所小成，但重要的是不能驕傲和得少為足，趁你現在還有一點體力，應該還要去充實新知及內化自身的涵養。」後來他聽了我的建議，繼續完成了大學學歷及EMBA，同時我也建議他多讀些心靈和精神層次的書籍……這是林義勝和我相識過程中一段小小的回憶。

在近代的美國總統之中，我認為稍有遠見的應該只有一九六〇年獲得總統職位的約翰・甘迺迪。雖然他在位的時間，如流光瞬息般極為短促，但對於美國的自由派來講，他是最有影響力的一位要角。甘迺迪原本僅是一名軍官，但曾在南太平洋任務中不畏自身危險，奮不顧身地救了海軍同儕，得到了一枚紫心勳章之後，開始引發了他從政的興趣。一直到一九六三年，他在達拉斯遇刺身亡，短短幾年時間內，其實他為美國做了極多的事情。例如古巴事件、阿波羅登陸月球的計畫……特別是對於美國的民權，他算是竭盡所能地爭取，這個可以從他甫就任時，就對親信表示了長久以來他心中急於完成的三項心事中可見一斑。

這些心頭要務其中的一項便是要為卓別林平反。甘迺迪認為五〇年代盛行的麥卡錫主義是阻礙美國進步極關鍵的毒瘤，在冷戰期間，有許多受到政治迫害的優秀人才離開美國，甘迺迪希望在他就任後，可以倡導民權，藉以啟發人民的權利意識，這樣民眾的心才會趨向穩定。卓別林也被甘迺迪列為影響近代文化藝術推展極重要的靈魂人物，因此甘迺迪認為，重新讓卓別林返回電影圈是極重要的一件事情。

原本二十一歲就從英國來到美國電影圈發展的卓別林，從一九一八年開始，成立了一家電影公司，拍了許多部發人省思、賺人熱淚的電影。這些電影多半都是暗諷時弊、揭發人性齷齪面，以及闡述社會中低層階級所過的陰暗生活，將其揭櫫於銀幕上。原本獲得了美國電影學會所肯定的幾部電影，後來也因負面事件的暗流杯葛及反對聲浪不斷，讓卓別林遭到了封殺。原因是大多數的美國人認為，電影中太多的情節都暗示著美國社會裡許許多多不為人知的負面境況，以及當美國處於大蕭條時期，人民遭受不平等待遇的種種故事。更嚴重的是，些許政治人物認為，卓別林的影片中有不少是在批判美國的軍火販子種種無視人權和生命的舉動，這些電影中的情節影響到的層面極廣。許多高層及資本家認為會影響到他們的權益，於是主張不讓卓別林的電影在美國上映，美國政府最後也出面干預。這段期間是卓別林人生之中由盛轉衰的時期，這時卓別林也已經邁入六十出頭的年齡。

一般人遭逢此種人生巨創，有的會一蹶不振，甚至踣不復振，思想也會因為遭受刺激和打擊而變得灰暗、負面，但卓別林卻極風雅地放棄了美國居留權，從此不再踏入這個國家，並且在瑞士和其他地方仍然樂觀且優游自在地參訪歐洲各國，而且受到名流貴族爭相熱情的招待，例如伊莉莎白二世。周恩來總理，也曾在訪問日內瓦期間，和這位著名的世界喜劇泰斗熱情會面，期間他更和諸國領袖及重要人物常有往來。足見卓別林一生中，除了善以幽默手法取悅大眾之外，在人生受困消沉時，他不但不以為忤，反而安之若固，繼續他的影藝人生。但公理自在人心，極為諷刺的是過了二十年後，美國卻又頒給卓別林兩次奧斯卡榮譽獎，並且讚譽他對本世紀之電影藝術所做出足為表率之偉蹟。

人生的際遇，恰如虛空中的短暫雲朵，隨著變幻各有不同，無法忝測禍福。世味濃淡，偉奇之人可以淡漠處之；命運榮衰，智者看待恰如銀瀑天落，終歸入流，本質皆水，無上、無下之分別。人情冷暖正似影片情節，只要冷眼看破，絕不入戲，便可不受玩弄。

卓別林曾經寫過的一句話，我認為極適合現代人參究——「用特寫鏡頭看人生，人生是悲劇；用長鏡頭看人生，人生是喜劇」。是悲？是喜？實際上全憑自己的心念可以做得了主。一個人一旦離開了對待觀看，這個人就是用絕對的開放態度看待人生，這便是一場喜劇；人要是無法分別主從關係，受制於物欲和名利，人生便是一場悲劇。

11
僧袍下的啟示

人的價值不在於出身高低貴賤，重點在於
自己內心高掛著推不倒、擊不敗、沖不垮、摧不毀、
轟不死，絕對的勇氣、毅力、堅持和決心。

百年奇僧—太虛 承先啟後祖師風

我最早聽聞太虛大師的名諱是始於我的禪宗師父，在經常性拜訪師父所駐錫寺廟的那段時期，每於沒有法務時，師父總是會時而開示經教，時而講述他老人家從七歲薙髮開始，所展開的雲水生涯，都慈悲地一一敘述。老人家極度地和藹、有耐心，連有人問及和尚為什麼要剃頭髮這類問題，師父也都不厭其煩地解釋給大家聽。一般人因而才了解佛教徒僧俗二眾間，出家人是為了降伏自己的我慢心，表明斷盡所有的煩惱和習氣所做的一

種儀式，同時也是因循佛教的教主釋迦牟尼佛當時有別於印度外道的傳統。師父還特別說明他自己本身自年幼時都會遵守祖制，半個月會剃一次頭髮……雖然這些是不需要對在家人提說，可是老人家就是這般地菩薩低眉，有問必答。從老人身上，我學習到了安忍和布施。

師父從自己俗家的種種，一直說到他如何參學的過程，在結識追隨的長時間中，等於也聽取了近代中國佛教的種種沿革。其中印象最深刻的，便屬對於一代大師太虛的種種行誼，有了更深層的認識及讚嘆。

我對太虛大師所提倡的人間佛教思想極為讚嘆，從師父及往後個人所得知的太虛大師一生之中種種軼聞和傳記，更進一步了解了這位中國近代百年難得一出的佛門龍象。也從師父口中聽聞了當年曾經陪侍大師在中國各處參訪開示及結緣四眾的諸多傳說。例如曾經和大勇法師、大醒法師等見聞到一代名將張學良和大師之間的互動情事，以及他曾經寫詩贈送給張將軍，張學良當時還從太虛大師手中拿到《金剛經》和《楞嚴經》。

原來太虛大師為了全中國的眾生設想，不顧他人的眼光和非議，主張全國百姓群起抗日，也曾經寫文致電要全國佛教徒抵制日本侵華的行為。太虛大師當時認為，適值非常時期，修行人應該以救怙人民於水火為己任，這才是菩提心的思想。不能墨守成規，綁手綁腳，視人民於不顧，甚至於他也不顧自己僧人的身分，和當時的軍閥馮玉祥等人早有往從。馮雖然不是佛教徒，但對於太虛大師這位方外高人，早有尊崇之心，兩人後來還曾用書法寫下「抗日救國」，共同落款題字，在當時也傳為佳話。

其實佛教的僧服經過多次的沿改，而且近代也曾經為了改換僧服的形制，而有過多方的爭議。關於這點，近代的肉身菩薩慈航法師，早年就曾經誤以為改變僧服是太虛大師的意思，於是多次上書於太虛大師及撰文批評他。太虛大師的氣度極為恢弘，他極有風度地回覆這是慈航對他的誤解，並且在信裡面還曾經對慈航說道：「原本耿直是好事，但如果變成魯莽……」後來慈航知道了事情原委之後，對眾坦承發露自己的衝動及不當的舉動。慈航法師曾經用「可恥」這兩個字作為自己的用名，其來由典故便是出自於此事件。

太虛大師平日裡雖然勤於治學並且恢復諸多寺廟、創辦佛學院，但卻恆在定中。他曾經說過自己多次的禪定經驗，例如他曾經在關房閱讀《般若經》時，讀誦到某段文字，頓時進入甚深定境之中，直到第二天早晨鐘聲敲響時才漸漸出定。大師說，當時的情境，只能用沒有人我分別來形容。

我也曾經聽聞承事過太虛大師的某位老居士說，一次隨同大師坐火車去參加大法會，當時迎接大師的群眾數千人齊聚於火車站口，孰知太虛大師一下火車，如入無人之境，完全無睹於成千上萬的群眾，直接撩起衣角，就地小解……如此的定境，能說他僅僅是一名革命僧人或是政治和尚嗎？

對於這麼一位中國近代佛教史上舉足輕重的領袖人物來說，那麼他的出身又是如何呢？已故的陳老居士，過去和我時有魚雁往來，早年他曾追隨過太虛大師，也片段地聽大師親自講述過他幼年時期。大師說他八個月大就沒了父親，母親守了幾年寡之後，外婆令她再改嫁，從那之後，太虛大師就一直跟隨著他的外祖母生活。在十六歲之前，可說是僅受過零零星星的童蒙教育而已。所以大師和一般正常家庭的小孩不一樣的地方是從小就失去了父母的依怙和疼愛，這也養成了他獨立又剛毅的個性。後來是因為到了天童寺出家之後，才接受到完整的佛學院僧侶教育。

或許過去世宿根深厚以及後天的善緣薰陶，大師自從進入空門之後，幾乎所有的古德尊宿對他都極為倚重。例如曾經擔任過中國佛教會總會長的開悟名僧寄禪老和尚，還有道階上人，都悉心地給予教化，因此這段時間裡他飽讀了三藏十二部經，也因此奠下了深厚的佛學底蘊。

當太虛大師年約十九歲時，就曾經在閱讀《大般若經》時，一日看見了其中的某句「一切法了不可得。乃至有一法過於涅槃。亦不可得」，眼睛看著，嘴裡唸著，漸漸地身心進入空寂的狀態。大師後來回憶說道：「只覺得外面跟裡面的境界都似乎不是實境，如此經過了極長一段時間，仍然有此覺受，身心如同棉絮一般毫無重感。在往後約莫一個月中，一直處於這般境界……」

太虛大師不僅對於佛學本具有解行並重的造詣，同時對於新學更是不遺餘力地深入學習，甚至到了廢寢忘食的地步，因此他的思想有別於中國傳統佛學家的思想。由於他受到章太炎、梁啟超、譚嗣同、楊仁山居士和棲雲法師的影響，萌發了傳統佛教封建思想需要改革的想法，遂創立佛學院和推行僧才教育，也是這個時候，奠定了為佛教注入新思潮的根基。從此以後，大師南北奔跑，一方面他渴驥奔泉般地追求新的學問與新知，一方面汲汲營營、孜孜不倦地到處推廣、宣揚自己的理念。二十出頭歲就承接了不同寺廟的住持重任，培養佛教佈教人才，並且他也是最早到歐美國家弘揚佛法的第一人。

雖然如此，大師強調在末法時期，更應該要以戒為師，特別強調持守戒律的重要性，絕對不能因為時代的變遷，而對於戒律有所偏廢或動搖。他更主張修行人一定要生起真正的菩提心，行使菩薩行。太虛大師最令人讚嘆的是他沒有門戶派系的分別心，更無南北大小乘的觀念，甚至於他還派了大勇法師、法尊法師等人去學習藏傳佛教，為中國的佛教注入一股新的生命。此若沒有恢弘的氣度、無分別的胸襟，是絕難做到的。

自古以來，修行多半偏向於修定則偏廢智慧，修慧則無法落實於禪定，鮮少有可以定慧雙修者。唯獨百年來難得一見的太虛老和尚，是此中第一。由於長年不眠不休地化育僧才，他在五十九歲的時候圓寂，四眾弟子為其火化時，發覺心臟竟燃燒不壞，同時心臟中布滿了密密麻麻的舍利子，其餘各種舍利子拾得共三百多粒。從這個現象來看，太虛大師是真正的菩薩再來，示現於人間，廣行佛法之後，回歸於淨土的佛菩薩。

江湖舔血一浪子　污濁成墨滿身腥

如果去過雲林縣的人，便會深深地被這片土地給吸引住，這裡是南台灣極為純樸的地方，雖然僅僅是半畝方塘、置錐之處，但這裡的民心都是善良樸厚的，可能是因為這裡早期的人家都是靠摸蛤仔和插蚵仔的方式撫養下一代。從前的海口生涯是艱辛的，大人們為了餬口和養活一家人的生活，因此往往忽略了教育下一代的重要性，年輕的一代大多數也都是往外發展居多。但由於淳厚的天性加上重感情的個性，許多台西人一旦在繁華的都市落腳，很容易便會迷失了自己。

陳志雄從國中畢業之後，為了幫忙家裡的父母負擔生計，和為四個弟妹的生活費著想，他便到了台北當學徒。剛開始是在一家汽車修理廠學習黑手技術，廠裡面也有一些是從高雄、屏東、台中來的同年齡層年輕人，因為生活在同一個屋簷下，久了吃喝玩樂拉撒就全和在一起。其中有兩名從台中上來、年紀稍長的中部人，下工後便經常帶著志雄去當時的西門町一帶，有時泡在咖啡廳裡便是一整個晚上。西門町萬國戲院附近充斥著大大小小的咖啡屋，這兩名台中上來的中部人，本來家裡就有黑道背景，他們的父親在縱貫線南北兩路都有熟識，因此他們在西門町也很吃得開。

志雄由於出身於海口地區老實家庭的小孩，也沒什麼心眼，重情重義，心想兩個老大哥平日很照顧他，招呼長、招呼短，志雄很快就被感染，因此幾乎寸步不離地跟著這兩名生性浪蕩、好嬉玩樂的台中人。這兩個台中人由於上一輩的淵源，在西門町一帶倒也混出了一點名號。那個年代裡，生意人為了平安做生意，息事寧人，對於這一類的混混，多半都是如敬鬼神般地招呼他們吃香的、喝甜的，也不敢收取任何分文。或許志雄跟久了這兩名台中人，深深地被他們慨當以慷、豁朗俠義、類似英雄豪氣的江湖味所吸引，幾乎到了崇拜的地步，漸漸地也學會了抽菸、喝酒。過不了多少時日，身上也仿效刺上了青，先是從臂膀上，後來整個背部都刺上了《水滸傳》裡英雄好漢的圖騰。

原本每天會去夜間部上的課，也漸漸地翹課。

陳志雄墮落了！由於不明就裡地跟著人家鬥毆，那天他喝了酒，再加上情緒低落，他無意地拿起身上的凶械往那挑釁他、不同地盤的混混身上猛刺了幾刀，把對方弄成了重傷。因為這件事情觸犯了重大傷害罪，原本是要判刑五至十年，但姑念他是初犯，又無前科，所以刑期就較短。在這段被羈監的時間裡，他又認識了一位更重量級的道上人物。這位大哥很欣賞志雄憨厚直率的個性，有意要把他拉拔在身邊，於是有空閒的時段，他就告訴志雄一些江湖上的種種，及各角頭、碼頭人物的事跡。志雄在見聞習染之下，也明白了江湖種種的規矩和眉角，以及恩恩怨怨……。

志雄出來時，已經是二十啷噹歲的強仕之年，既沒有亮眼的學歷，更無一技之長，家人、親戚也都視他如狼虎，早就不相往來。因此他只能又回到原來的窩穴，透過舊識，找了一家汽車零件改修廠，白天混日子，每個月賺點零用錢花花，晚上又跑到西門町自己熟悉的場子去串場。由於他有前科，又蹲過牢，所以在那些場所漸漸地也有了一點地位。再加上在服刑期間，牢裡的大哥給了他幾個人的聯絡方式，這些人當時在中南部和台北縣也都是叫得出名號的人。這下子陳志雄如同如虎傅翼一般，在裡面幾年的深造，已經深諳生存之道，這使得他已非昔日阿蒙，自己也有跟隨的人。這時他根本不用打工，每個月所收取的費用就足夠他吃喝玩樂，過著奢侈縱欲、以酒為池、不醉不歸的生活，要不就是逞兇鬥狠，為爭地盤和打響名號而拚搏……。

所謂「菜蟲食菜菜下死」，不是沒有道理。一個人立身處世，履身所蹈，意之所向，皆有神明。起心動念稍有模稜，或有鶩激，行事每有忿恨暴戾，不懂得謹言慎行、察念於微，多做俯仰愧怍暗室之事，必有後報。我們都需要知道，苗火足以燎原千里，滴水能穿難摧磐石，何況是我們凡夫，無論是善事、惡事，都是積少成多，積水至河。人雖出生都始於善，但近墨者日眾，於後則污濁成墨，無法自明。常常見到狐假虎威，自以為俠義豪傑者，仔細觀察其最後的結局無一良善，此皆都因不明善惡因果之故……善惡之事確實有之，只因報日未至爾爾。

十墮九錯轉身難　善書啟發良知現

話說陳志雄在江湖上經歷了幾年的腥風血雨，一日，他為了義氣，幫一位朋友兩肋插刀，惹上了南部一位難纏的人物。對方早就跟蹤他一段時日，就在一個中秋夜晚，他和朋友酒酣耳熱之後返家途中，在一個巷口轉折處，被五名早就尾隨於後的壯漢圍堵，倒於血泊中，差點致死。他同棟住所的阿鳳嫂剛好下來取信件時，才發現原來是陳志雄！阿鳳嫂急忙呼喊家人呼叫救護車。

這阿鳳嫂或許和陳志雄有宿世緣分，雖然陳志雄在外面呼風喚雨，兄弟成群，但平日裡對左鄰右舍倒是客氣逾常，再加上他幽默風趣、爽朗的個性，嘴巴又甜，常逗得鄰居們捧腹大笑，覺得他是一個好相處的人。尤其是這位阿鳳嫂，六十開許，對志雄更是視如己出。互為鄰居的數年之間，每逢過節，阿鳳嫂都會拉志雄來家裡一起吃飯，或者會幫志雄準備點吃的物品。志雄因為和家人原本緣分就淡薄，再加上自己日後走上不歸之路，與家裡形同斷了線一般，於是他也把阿鳳嫂看成如自己母親般地尊重，過年也都會包紅包給她。

阿鳳嫂是位虔誠的佛教徒，茹素吃齋有年，早年是土城一位老和尚的皈依弟子，後來因緣之故，有讀書會的同修帶她和我結緣。或許是相應之故吧！有段時期阿鳳嫂在我早期位於東區的講堂常常發心，也算是一位現世菩薩。她的先生因為胃癌而中年早逝，這令她對無常深有體會，後來和我結識之後，我建議她直接就唸阿彌陀佛就夠了，不必夾雜旁修多門。阿鳳嫂幾乎就像在家的出家人，她曾經無意間告訴我，她每天唸佛號最多可以唸到十萬聲，現在已經可以不用拿念珠，也很清楚所唸的次數，可見她的功力已經到一定的境界。

我也想起了發生在阿鳳嫂身上的一件往事——由於她和先生情感甚篤，所以先生的往生對她打擊很大，整整一年的時間，她無法做任何的事務。後來因為有了我建議她的唸佛法門和觀想的方法，她漸漸地才得到平復。她說，有一天在唸佛的時候，唸著唸著，突然之間去到了一處她從沒去過的地方，接著她看到了過世多年的老伴。當先生看到她的時候，握著她的手，叫著她說：「阿鳳、阿鳳，我好辛苦！我常常身上都會很冷，妳能不能幫幫我？」阿鳳嫂當時也愣在那邊，心裡一直在想著要怎樣才能幫先生離苦得樂……這時阿鳳嫂心裡想：「要不然我就一心持唸阿彌陀佛的聖號試試看。」接著她就專注地唸起阿彌陀佛，也不知唸了多少時間，突然間她看到往生的先生身上被一股光明籠罩住，接著就漸漸往上消失在她的眼前。是夢？是幻？是真？阿鳳嫂被這境界給震懾住，但她知道一切有為法，皆是夢幻泡影，不用去執著。當天晚上她很清楚地看見先生來感謝她，說他現在到很好的地方，很謝謝她……。

陳志雄和阿鳳嫂本來就有很好的宿緣，阿鳳嫂也知道陳志雄本身其實是位秉性善良的孩子，只因為後天環境因素，令他一墮九錯，誤入歧途。她心裡也一直掛念著，要尋找適當的時機勸導他迷途知返……或許陳志雄這次的事件恰好是一個契機吧！說到這一次，陳志雄因為得罪了道上的宿敵，而惹上了血光之災，幸好事發當場被阿鳳嫂及時發現只剩下奄奄一息的他，幸好也命大，搶救及時。在那段住院養病的期間，阿鳳嫂一有空就去探望陳志雄。陳志雄也是位有血性的男人，他被阿鳳嫂慈悲心腸的舉動給感化了。

這段時間裡，阿鳳嫂也會帶一些書籍給陳志雄看，遇有不懂的，阿鳳嫂再去探望的時候，也都會耐心地為陳志雄一一解說。潛移默化之下，陳志雄也開始思索自己過往的人生，這樣子有意義嗎？刀口舔血，逞兇鬥狠，最後的下場不是終身囚禁，要不就是成為刀下怨魂。再說，冤冤相報，哪生哪世才能了結……？這一連串過去從來未曾思惟過的問題，自從這起事件之後，還有阿鳳嫂的苦口婆心，加上一些善書的啟發，他覺得自己的人生應該要重新定位了。

志雄休養了接近半年的時間，出院後漸漸地遠離過往的狐群狗黨，他聽阿鳳嫂的建議去讀夜間補校，阿鳳嫂幫他找了一份臨時的工作，就這樣他漸漸地過著正常人的生活。這期間有著一個很大的變化，那便是他經常主動地要去阿鳳嫂家中的佛堂禮佛，有時也會跟她借些經書讀閱，就這樣阿鳳嫂知道應該是機緣成熟的時刻啦！

南人北相注定起伏的早年　異路功名空門中嶄露頭角

那天上課前的一小時左右，阿鳳嫂就帶著陳志雄出現在我的會客室裡。我習慣性對於新來的生面孔都會較仔細地端詳。眼前這位三十開許，身材有些精實偏乾瘦，有著南部人黝黑但古銅色的膚色，理個小平頭的男子，其實以相學的觀點來看，此人屬於清、奇、古、怪、異等偏門的異相。直見他伏犀骨圓突，展現在左右額角，從側面看，極大的骨頭外突分明，額頭開闊稍高，這在南方人而言極少，惟父母宮凹陷，此為美中不足。

臉相上分為三庭，從額頭的髮際至雙眉之上，皆主少年運，所以從這上面看，可以了解從小父母親能夠給予的實質資助有限，祖上的緣分缺乏，要不就是和雙親聚少離多。至於從伏犀骨可以看出他的個性其實是重感情又偏耳軟的性情中人，有機智、反應敏捷，但若走偏路，只能有暗路功名。但見他雙眼靈活有神，黑多於白，是位有情有義之人，而且心思慧黠，多半容易因重情重義而傷害到自己……。

我再稍微問了一下他的出生年月日，他的命盤立即就在我的腦海浮現。這個大運剛好走到交換大限，三個大運同時三方四正會羊陀，再加上遷移宮重疊交友宮雙化忌，表示行運多有挫敗、半途而廢和無功而返的情景。交友宮所會到的主星都是酒色財氣之星情，而且壓過於大限命宮，表示身不由己，形勢比人強，容易受外界的引誘，如碰上流月流日有不好的煞星侵入，表示就會發生凶險之事……。

我一邊和他聊天，一邊很清楚地告訴他，哪一年的哪個月分哪一天，是不是有發生如何如何的事情？包含他在哪一個時辰被人圍堵，身中數刀的時間，我都探問於他。他瞪大了眼睛，邊回想、邊點頭地告訴我：「太神了！老師，您好像就在我身邊裝了監視器一般，逃不了您的法眼，的確所言不差……」

接著我告訴他：「你的人生從現在開始要轉變了，因為再過幾個月你就換大運。接下來的主星都是穩定之星，而且所交會的都是和靈性、精神層面、宗教以及神祕世界相關的星較多……你在這段時間一定會對自己的生命極有興趣去探索。例如為什麼你會出生在這樣子的家庭？為什麼你的起步會比別人晚？為什麼你會交上對你前途影響甚鉅的朋友？為什麼你個性容易重感情又衝動？你的人生如何可以由自己來掌握，不受制於環境和他人……」

坐在我對面的志雄，猛點頭表示心有戚戚，他急著要發言，被我用手勢暫時止住。

「所謂要把塵緣割盡，在煩惱處安身，澄清世慮，在清虛中立腳，你雖然現在已經漸漸地遠離過往的環境，但是你的習氣還沒有除盡，心中時有火焰冰賽之心，一時半刻很難做到真正的清淨心。只能告訴你多閉門讀書，多親近良善之人，遠離邪惡知識，多讀正面軟性文章，繼續深造讀書。如有可能，固定的時間多和佛菩薩結緣，讓佛光洗滌淨化你的身心靈……」

志雄正身筆坐，專注地聽著我所說的每一句話。也許是某一種契合的牽引，我所說的剛好是他所需要的，他都誠懇地點頭表示他會努力做到。

「你從十幾歲開始，是不是時而在睡夢中會見到一名老者，駝著背，身體乾瘦，手一直扶著胸部姿態的老人出現在你的夢境中……」我同時跟他說到一件事。

志雄聽到我這樣問起的時候，放在雙腳上的雙手，突然間交叉抱在胸前說道：「老師，您怎麼知道？這件事困擾了我太久的時間了，我也問過一些算命仙，他們都沒有給我正確的解決之道。」

「冤家宜解不宜結，這名老人是你陳家祖先、祖靈的干擾，他死於非命，怨靈無法超脫。你和他宿世有緣，再加上你十五歲以後所走的這一步運勢極差，很容易讓外靈干擾。你想想你之前的人生，為什麼如此地偃蹇困頓、有志難伸？這個問題一定要解決。為今之道，只有一個方法，就是由後世子孫親自持誦經文迴向給他。」

「老師，我應該怎麼做才會幫助到我的祖先？」志雄滿臉嚴肅困惑的表情問我。

「在我的經驗中，也碰過一些人有類似的狀況。你的情況可能的話，每天唸誦《金剛經》迴向給他。我另外傳授你般若無盡藏咒，這個咒語可以加速《金剛經》的功德，因為它唸一次等同持誦九千萬卷的《金剛經》，當然也有不同的說法，不過以虔誠恭敬為原則去唸誦，一定會有效果。另外你的祖墳在將來你有能力的時候，可以選擇遷葬或修造，因為底部已經進水多年，而且有其他的爬蟲類眾生於內共存，這對後代子孫命運影響鉅深……切記！」

這是我和志雄因為阿鳳嫂的因緣而見面時所講的片段。往後造化的撥弄和牽引，讓志雄的生命起了戲劇化的變化。他未來的幾年，把該完成的學業和證書都取得，也正正當當做了好幾年的工作。這期間因為工作忙碌和忙於學業，偶爾會和我見見面，問些人生方向和心靈方面的問題。我也推薦幾部適合他的書，也指引他應該如何調整修正自己的心性。就這樣，某一天他來跟我說，他想出家。

「老師，感謝您這幾年悉心的點化，從《了凡四訓》、《太上感應篇》、《念佛見聞錄》到一些修行人如何改變命運、奮發向上的傳記，尤其後來您給了我淨土三經。感謝您經常忙中抽閒，個別地指導我如何唸佛，之後我也看了您給我的《佛門異記》，從裡面得到很多的感應，特別是虛雲老和尚的開示……老師，回首前塵浪擲生命的過往，我後悔但也無奈，為今之計，就只有隨緣消業，不造新殃。而更徹底的方法，便是用此身供養三寶，報答眾生恩德，消除累世冤愆一途了……」

後來我介紹志雄去佛學院進修，鼓勵他八宗共解，不要執著於某一法門，我還介紹他到尼泊爾的一間寺廟中閉關了一年半。雖然他的文字般若有些欠缺，我鼓勵他掩關拜懺，禮佛拜經，漸漸地他也神智開朗，竟然經文也都能琅琅上口，甚至於他還度化了過去一些朋友，引導他們步入正途。後來他也組織了一個同修會的團體，經常共修唸佛，倡印經書。很多人受他的感召，紛紛給予資助，他還幫助一些寺廟的修建，也資助基金創立了幾間佛學院……他沒有忘記我給予他的建議，要低調，要隱姓埋名，厚德載物，廣結陰德，救困扶危，相濡以沫。

我從前常常跟他講到：「行善累德是做人的根本，也是取得來世再得人身很重要的依據。我們這一生幾乎殺盜淫妄酒都做盡了，孰有把握未來世不會落入惡道？需要急起直追，默默廣積陰功，作為來世他生的資糧……」他做到了！甚至於他所做的一切善舉我也是從他處得知。後來他出了家，作為一名雲水僧，瀟灑自在，走遍十方名山，隨緣度化有緣蒼生。幾度亦曾相會，眼前的這位法師，儼然已經伐毛換髓、化繭成蝶，莊嚴法相，會面時令人有股攝受力。他徹底地脫胎換骨了！

我看著看著不禁雙手合十。在這位法師身上，再也尋找不出昔日那位過著喋血生涯、傲睨一世的陳志雄之痕跡。我也想不起與他初見面時，裸露在雙手及胸前醒目的刺青，我的心中只存在著洗盡冤愆之後，莊嚴靈若、風采攝人的志雄出家後的神態。誰說浪子回頭、棄舊圖新是不可能的呢？

晉朝出了一位神醫皇甫謐，救度過無數沉疴垂死病人。可是誰能想到，他也曾有浪蕩形骸的時日，曾經過著無所事事、遊手好閒、尋花問柳、遛鳥跑狗、逞兇鬥狠的日子，是一個標準的超級浪子閒民。皇甫謐後來因為叔母病危的示現，令他生起愧疚之心，為了要報反哺之恩，發憤圖強，閉門苦讀，三更燈火五更雞，不荒廢一刻鐘，最後終於成為一代名醫。一次人生的重創，他身患重疾，完全無法行動，他卻利用這段時間把中國艱深的醫典貫通，研發創新了中國著名的針灸手法，並且著書立說，影響後代無數人。

釋迦牟尼佛的時代，佛也曾為了感化一位持有驕慢無明習氣的獨生子，佛陀告訴這位獨生子一段話：「不誦為言垢，不勤為家垢，不嚴為色垢，放逸為事垢，慳為惠施垢，不善為行垢，今世亦後世，惡法為常垢。垢中之垢，莫甚於痴，學當捨此，比丘無垢。」獨生子聽從釋迦牟尼佛的教誨之後，悟到了偈中的真諦，從此以後他徹底改變，成為舉國上下都讚嘆的大善人。最後他出家為僧侶，最終證得了阿羅漢的果位。

人的價值不在於出身高低貴賤，重點在於自己內心高掛著推不倒、擊不敗、沖不垮、摧不毀、轟不死，絕對的勇氣、毅力、堅持和決心。

新愛情物語

12
秦淮名妓柳如是

未來的人對愛情還會存有夢幻嗎？
這是否暗示著理性成分居大的感情，
才可以平安無礙地相濡以沫，執子之手，白首至老？

血腥瑪麗啟示錄

幾年前在一次宴會裡，一位外國學生特意請我嘗試一種看起來極為搶眼的橘紅色飲料。起初我以為只是一杯和番茄汁相似的飲料罷了，因此不疑有他，就輕啜了一口，那味道只能說是五味雜陳，難以下嚥。在一旁的外國學生顯得有些尷尬，原來這是一杯調製過的酒飲，他不知道我平日是滴酒不碰。旁邊另外一位女學生笑笑地同我解釋，這是一杯雞尾酒，原來它大部分的成分是以番茄汁、辣醬油、檸檬、鹽巴和酒精濃度頗高的伏特加組合而成，難怪味道那般地奇特。這種酒有一個特殊的名字，叫做「血腥瑪麗」，它風行在二十世紀的法國，雖然單純的伏特加酒精濃度頗高，但經過創始者巧妙的調配，使它成為日常生活也可飲用的調酒。因為它不會讓人酒醉或失去理性，一度是歐洲人的最愛。

無獨有偶地，在歐洲也出了一位歷史上知名的女暴君，她也有一個別名叫做「血腥瑪麗」。這個名字的來由是十六世紀時，英國的一位女王叫做瑪麗·都鐸，她掌權時曾經對三百多位新教徒准予火刑燒焚致死，再加上短短的在位期間她便砍下了許多人頭，才會被封上這個不雅的封號。

說起這位血腥女王，她其實有著極為辛酸的生命歷程。年幼時她的父親一直不承認有這個女兒，再加上她長時間看到父親對母親的百般凌虐，在她幼小的心靈裡蒙上了陰影，造就她缺乏安全感、灰暗又極度負面的人格模式。雖然她是位虔誠的教徒，但也無法修復、平衡她凌亂破碎的心靈。在一次僥倖的事件中，她被拱上了王位。人們起初對她還抱有希望，但漸漸地，她不理性的性格和慓悍的從政作風，讓民眾失去了信心。在她即將卸位的末期，甚至於被法國奪走了不應該失去的土地。瑪麗女王在歷史上被定位為國罪者，除了幾年的顯赫地位之外，細看她的人生，其實也算悲劇型的人物。而不幸福的婚姻也導致她在生命的尾端變得體弱多病，最後鬱卒而亡。

維多利亞女王的不尋常冠冕

歷史上中外女君主的出現也不乏其人，但基於環境、國情及政治因素等考量，受歷史垂青並於史冊上被讚美歌詠的卻極為少數。這中間除了時勢所造就的原因及運氣外，最重要的還是個人的格局及涵養。在近代，有「歐洲祖母」雅稱的傳奇女王維多利亞便是一位特殊的個例。維多利亞從十八歲登上順位繼承人的王位之後，展開了她長達將近六十四年的執政歲月。雖然這個紀錄後來被伊莉莎白二世所超越，但在歷史上也算是在位時間最長的第二位。由於在位期間建樹極多，她的時代被稱為維多利亞時代！在她的帶領下，英國無論是在工業、政治上，及各方相關的事業，都出現了未曾有的輝煌時期，無可否認的，在歷史上她的功績幾乎沒有任何一位女性可以超越。

雖然維多利亞一生中盛名昭然，可是，若研析她的人生，如果沒有異於常人的果敢和氣度，相信她也無法平安地走過精彩卻又風波不斷的一生。從小，因為母親對她過度地苛求，使得她一段時期極度地憂鬱及不開心。在她往後的生涯中，也曾經發生許多足以令她蒙羞的事件，例如一位女性侍從官被誤指與人有染、通姦的事件，引起了極大的謠言、譏諷和困擾。在她執政的初期，還未碰到後來的丈夫阿爾伯特前，維多利亞和母親之間的關係仍是極度地緊張，甚至讓她的精神長時間處於緊繃的狀態。後來她藉由婚姻，終於逃脫了長久以來母親帶給她的惡夢。

其實維多利亞的情感也非一開始就順利，由於政治的考量，她終究無法和初戀情人結縭，還好阿爾伯特的出現，才稍稍彌補了她心中的缺憾。在維多利亞自己所寫的記載片段中，便可以了解到她的新婚丈夫終於征服了她的靈魂和身心——「……他的英俊、甜蜜與溫柔……我有多麼感激能擁有這樣一位丈夫！……他用我從未聽過的親切稱呼……這是一種難以置信的幸福！這是我一生中最快樂的一天！」由於阿爾伯特在維多利亞身邊扮演著極具影響力的角色，順理成章，此後他也取代了原本首相墨爾本勳爵重要的地位。

結婚後，維多利亞的生活仍然處於不是全然安全的狀態。在一次出遊中被一名叫愛德華・奧克斯福德的男子企圖暗殺未遂，當時的維多利亞還身懷六甲，在倉促驚魂中落魄地逃離現場。從此，維多利亞在往後的生命裡亦曾多次遇刺，雖然生命沒有受到傷害，但如果一段時間就有人想要奪取她的性命，長此以往她的生命也會蒙上一層陰影吧！或許這便是她的宿命。

愛爾蘭曾經發生過一樁與馬鈴薯相關的流行病事件，造成數年內近百萬人死亡、流亡人數也接近百萬的一股饑荒潮。因為這個事件，讓維多利亞再度被誤解，甚至有了「饑荒女王」這個不雅的稱號。除此之外，維多利亞生育的後代不在少數，但由於那個時代生產技術的落後和醫藥的匱乏，只能用帶有後遺症的麻醉藥助產。此種藥物的後遺症便是讓維多利亞患上了憂鬱症，這對她往後的政治生涯也有頗大的影響，因為有時會為了細小的事故而勃然大怒，完全無法掌控自己的情緒。

除了因生產藥物引來的後遺症之外，另外一件事情就是在原本和自己一生緣分淡薄的母親往生後，無意間維多利亞發現了母親所寫的日記，才了解到大半生以來自己對母親的誤解，她心裡產生極大的愧疚感，這令她沮喪了極長的一段時日。也許那段時間裡國運不濟的緣故，接二連三事件不斷，對於維多利亞來講，無非是「屋漏偏逢連夜雨，船遲又遇打頭風」——她鍾愛一生的丈夫因為去探望兒子，染上了不治之症而離開了她。維多利亞遭逢人生中如此重大的打擊，使她痛不欲生！有一段時間，她把自己關閉在獨處的空間裡，幽閉自己的心靈，並且長期穿著黑色衣袍。在那段灰色的歲月裡，民眾對於女王的不涉政治，掀起了極大的反彈聲浪。也許女性固有的脆弱本質，使得她與有機會常常親近她的一位名叫約翰・布朗的蘇格蘭籍隨從，兩人傳出繪聲繪影的私密謠言困擾著王室。除此以外，敵對政黨也不斷地用激進的方式要求維多利亞讓位。接著，她自己也長了腫瘤，雖然最後似乎得到控制，獲得痊癒。在一次的出外時，私用的敞篷馬車又遭遇到抗議分子的攻擊，幸好有侍者護駕，平安地保護了她，讓驚魂未甫中的女王再度躲過一劫……。

從以上對英國女王維多利亞不尋常一生的簡略描述來看，這一位在歷史上扮演著不讓鬚眉、女中豪傑角色的西方武則天，其實一生也經歷了聲勢微渺、備嘗艱苦的大風大浪，這在近代西方歷史上無疑是受人尊重的。我們再來看，維多利亞自從她的親王丈夫逝世後，就一直過著寡居的日子，加上原本的風濕痛毛病，導致她經常處在不良於行的狀態。而眼睛白內障也曾經困擾她，讓她許久未能好好地批閱公文，甚至經常性地嗜睡，頭昏腦脹。

在她的一生當中，維多利亞女王展現出來的是另外一種女性獨特的風雅，堅毅不拔的風華。她並沒有引人注目的外表，身軀屬於矮胖型，並且是不懂得修飾自己外在的女性，甚至於在西方女性中身高是偏矮的，大約只有一百五十公分出頭。維多利亞有著一般政治家所沒有的好習慣，那就是她長年都有寫作的愛好，每天平均都會書寫約兩千五百個字，直到她生命結束前一天都還是如此。雖然有些被燒焚，但是那些遺留下來的部分，例如她的日記，人們事後從日記中誠實的文字裡，感受得到她是真正愛著這片土地以及所有子民的一位受人敬重的女王。

平心而論，在維多利亞領政期間，是她帶領政府步上了立憲制度，以及改善了選舉制度。也由於她的睿智，使得王室許多不名譽的政治形象得到了改良，因此，維多利亞在西方象徵的是特殊的母儀形象。她無與倫比的親善手腕，和歐洲王室之間密切的關係，使她擁有四十多位後代，例如挪威的國王、瑞典的國王、丹麥女王及西班牙的國王等等，都是她的後代子孫，所以她也被尊稱為「歐洲的祖母」。

她的廣大影響力，從歐洲各地對她普遍習慣性的紀念可見一斑，許許多多的地方都以她的名字命名，對於後代的表揚勳章極多也都是用她的名義作為最高榮譽的象徵。在她不平凡的一生中，對她的尊稱、頭銜也都是冠以最尊敬的名諱，以及象徵尊貴身分的徽章。從這些種種的現象上來說，雖然中間一度出現過幾次民眾對於她的不滿，及多起想要她退位的事件，但由於她的包容，還有展現出來不可思議的生命韌度，為人誠實，處理政治議題極度地公平，對待部屬、侍者視如己出一般地感性。

公主與王子破滅的愛情神話

葛名玉是極著名集團的第三代，她的上面有三個兄長，但由於父母都接受過西方教育，因此也沒有傳統上重男輕女的觀念。再加上她是排行最小的么女，從小就備受寵愛，養成了恃寵而驕、桀驁不馴的個性。她含著銀湯匙來到這世上，在五十歲之前根本不知道人間疾苦是何物，與人相處也都以自我為主，無法貼心地去體會恫瘝一體的感覺。像這樣的女性，要嘛她在人生的旅程中絕對不要有栽跟斗的機會，否則很難想像如同玻璃娃娃的她，若有個絆腳或跌撞之類的負面插曲時，她將會如何？

雖然現代人已不講究門當戶對或望衡對宇這般事情，但終究差距還是不能過大。就在葛名玉赴英國唸書的那段期間裡，在一個社交場合裡認識了富二代的陳家駒，他長得一表人才，能言善道，很快就擄獲了葛名玉的芳心。從此之後，兩人就出雙入對地往來，徜徉於歐洲如詩畫般的風情山海裡。沒多久，兩人春風雲雨之後有了小孩，雙方父母相議便決定了結婚的日期。原本是一片的好山好水，但誰料想得到，那段時間受到了雷曼兄弟金融風暴的影響，一夕之間男方家裡的相關企業如同決堤的洪水一般，沖垮了所有的事業體，母親一時之間無法承受這股巨大的衝擊，一天起床時突然間昏迷倒地，送醫之後獲知是腦部血栓堵住所引起的中風。

一般而言，當情緒過度低潮，思緒長期地不安寧，睡眠及生活習慣長期處於不穩定狀態，還有極度地悲傷與痛苦，這都會容易使得身體裡原本正常的血液流動，受到突然間的衝擊而導致中風。男方的母親平常養尊處優，錦衣玉食，過度交際、迎來送往的生活習慣之下，其實身體中已經累積了大量的垃圾，如果平常不運動、不流汗，氣血循環不佳，導致中風的可能性是極高的。如果再加上突如其來的衝擊影響到情緒，那後果就不堪設想，所以這一次的中風也是其來有自，一點都不意外。

陳家駒的父親雖然也經歷過早期創業時的一些失敗經驗，但從未像此次敗得如此徹底，他也無法接受這種事實。雖然是大環境影響所及，而且周遭同行朋友也都有著同樣的遭遇，但畢竟數字太大了，除了長年來所累積的錢都押在這上面血本無歸外，甚至反而變成舉債！

他想想，自己年歲已過六十，如日中天的企業王國霎時崩潰瓦解，膝下唯一的獨生子又從未經歷過人世間的任何風霜……這些種種的一切一起襲來，一般人肯定承受不了，再加上妻子的中風，他原本就靠吃藥控制的血糖再也無法受控地引起了其他的併發症，接著他的視網膜剝離了，也面臨了一星期需要三次洗腎的命運……。

這些家中突如其來的遭遇，讓陳家駒這名富家公子必須面對落難且無所適從的大逆轉人生！更令他無法接受的是，他把家中的悲慘狀態和岳家父母示誠商量，希望能居中獲得斡旋之助，解救燃眉之困，誰知岳家連他老婆的電話都不接。一日老婆接到了岳母的電話，希望她回去娘家一趟，但只希望女兒獨返。原本陳家駒還癡想，會不會是考慮到他的尊嚴和避免尷尬。然而那天老婆回了娘家以後，直至深夜卻再也沒有回來。以往的經驗最少都會有電話聯繫，但陳家駒打了幾次電話卻都是未接，直至深夜才接獲一封簡訊說娘家父母有事商談，今晚暫不回來。

這晚，他一夜無法成眠，反側難熬，他腦海中如MV倒帶般，一幕一幕翻滾著。從兩人結識，當時雖然有一位在國外已交往一段時日的女友，但當他在迎新會上碰到了甫從台灣乍到的葛名玉，那晚就被她特有的氣質給吸引住，心裡想，這就是他想要的女人。他心中已經把原來的女友拋諸腦後，竭盡所能地想要博取名玉的青睞。在那有著浪漫情調的背景音樂氛圍下，他如蜜般的甜語，很快地幾首曲子下來，已經換得了女方的聯絡方式。到最後一曲時，雙方已有解配相贈、琴心相挑之勢。隨後，陳家駒不顧原有女友的痛苦感受，驀直地天天送花、數通電話，很快地兩人墜入情海之中，之後不久也知道懷了小孩……陳家駒把這些所有的情節都想了一遍，一邊痛苦不已，一邊心裡揣度著，難道是自己當年的花心、不負責所應得的報應？

接著一連數日，名玉都未接電話，這情景對家駒來說是難熬的。原本滴酒不沾的他，為了排遣內心的孤寂和傷痛，他去了夜店，就這樣認識一家夜店的女股東。這女股東雙臂上都刺滿了五顏六彩的圖騰，一看就知道是背景極為複雜的女性。但她喜歡陳家駒富家二代的氣息，很快就用身體占有了他。那段時間幾乎是整天浸泡在酒池裡面的陳家駒，就這樣過著日夜顛倒、極度昏沉的日子。但很殘酷的一個現實——他知道他的內心完全被孤獨和破碎占據，那種「去年春恨卻來時」的無奈感，只能借酒澆愁，和另一個完全沒有感情基礎的女人，藉由耗洩原始，欲要排遣內心世界的孤寂，但所得到的卻還是「落花人獨立，微雨燕雙飛」那般的寂寥感。

陳家駒極度地傷痛，但卻又如玻璃框中的蠅蚊，無法衝破內心對愛妻的思念。經常讓他想到的是名玉初見他時，她那股大家閨秀的羞澀感，深深地牽動他的心弦。但這一段時日，天地變色般地翻覆，名玉就如同初夏的迷霧般消失得無影無蹤，他痛極了，但卻又無奈。在他意志薄弱的時候，女店東讓他染上了惡習，他更加沉淪了。他就像被大浪淘浮至岸邊的垂死鹹魚般，也無力掙扎，最後他與那名紋身女店東同居，他似乎忘了中風的老母，需要靠人打氣、扶持的父親……某一天，他接到岳母打來的一通電話，約他晚上在某處吃飯。他去了，所得到的訊息正是他最不樂意承受的負面消息——女方希望他簽字離婚，小孩歸女方所有……他原本最後的一線希望，就在那晚徹底地粉碎……。

創業達人走出陰霾的一枝草一點露

另一位有著雷同遭遇的學生，名字叫做曹又德。他原本碩士畢業，被某家著名電子公司發掘，進入研究開發部門，沒幾年就高升至CEO的位置，後來自己白手起家出來創業。起初經營時如有神助般地訂單不斷，誰料到後來由於大環境的波及，這行業開始不景氣。也許是因為長期的壓力，使他得了淋巴癌，這突如其來的晴天霹靂，令他極難走出心中的陰霾。原本結婚多年，和他理念不同的妻子，不但沒有和他患難與共，反而結識了新歡，搞劈腿，漸漸地兩人漸行漸遠。

任何男人在這樣子的狀況下，通常都會沉淪、一蹶不振，那段時間他跑來找我，我同他舉了我在台南一位殘而不廢的學生故事給他聽。這名由於後天因素被截肢的學生，也是因為老婆跑掉之後，激發了他的鬥志，最後他用智慧和毅力，研發了多項專利產品，在十年之內賺了好幾個億，後來還用他個人的經驗到處去鼓勵失去鬥志的人士。現在，他的生命就如同隨風滾動的「風滾草」一般——這種草可以隨著自己強韌的生命力，隨風到處都可就地生根，即便在荒涼或貧瘠的土地，它也可以讓那片土地長滿了新的種子，但平常它毫不起眼，甚至於經常性地被忽略它的存在。曹又德強韌旺盛的鬥志深深感動著我。

「當你在生病那段期間，你是怎麼走過來的？」我問他。

「老師，您可能忘了，就因為您說：『不用害怕！一枝草一點露，你就讓他跌到最谷底，看他如何？你放心！他一定會在原地讓你反彈到最高點，你看著好了！』最後我真的就一切不管，而且不斷地轉移注意力在開發事情上。即便在做治療那段時間，我也竭盡所能地動腦，和同仁們開會，連我的醫生都看不下去，說我到底是要錢還是要命？

反正我當時的一股衝勁，覺得開創便是我生命的點滴；若是死守，我便會和大多數的病人一般，成為醫生意料之中的統計數字。

「我不甘心！我絕不罷休！就是這樣的一股力量，令我的生命從谷底反升到頂峰，現在我根本無暇去想太多，我只想把公司的經營帶往對員工生活更有意義的方向前進。生病這件事讓我體會到，人存在的可貴在於可以不斷地利益和幫助他人！這反而讓我縮小了自己，從這裡我學會了奉獻，忘卻了自私。」這是他對我所提出來的問題所做的答覆。

曹又德聽了我對他所舉的這個例子之後，他似乎從這位殘而不廢的學生身上發現了生機，很興奮地瞪大他那原本黯淡、失神的雙眼，告訴我：「謝謝老師的提點，我大概知道該怎麼做了！」

秦淮名妓柳如是的不讓鬚眉

中國近代著名史學家陳寅恪曾經寫了一本《柳如是別傳》，這幾年被拍成了電影。我在意的不是故事本身男主角的身分，而是女主角柳如是在她不長的生涯中，以名妓的身分留給了文化界和歷史驚鴻一瞥的影響，同時也帶給後代陷於戀愛中的男女一種正面的愛情觀。特別是柳如是盤旋於陳子龍和錢謙益之中，那段纏綿而又脫俗的故事，令人蕩氣迴腸，嘆為觀止，這和時下一般男女的劈腿和無來由地跨越禮教是截然不同的。

柳如是不僅僅是有沉雁之姿而已，雖然曾被讚嘆為是「秦淮八大美女」之首，但她引領風騷的並非只是她的外表，而是她那過人的才思、機智，她的書法和丹青都是文人雅士傳頌收藏的一時之選。她的身世初時極為坎坷，十歲不到就被賣到妓院裡，由於天資過人，沒多久詩詞歌賦了然於心，一切音律過耳成誦，這為她帶來了青樓狀元的豔名。一時之間王孫公子、名流士紳都想一親芳澤，這使得柳如是的花名更加遠播，舉國之間無人不知京城有個名為柳如是的才女。

歷史上關於陳子龍和柳如是那段眾所皆知的不倫之戀，也隨著陳之元配鬧上柳如是的宅邸而畫下句點。柳如是雖然出身煙花之地，但氣節凜然，不受屈辱，斷然斬斷情絲，留下了陳子龍的無限追思和痛心。柳如是所表現的又是另一股的煙花無礙，女史風骨，令人敬重。

柳如是和後來的錢謙益如詩如幻般的邂逅愛情故事，更是後代文人、詩人引用的絕佳愛情題材。錢謙益碰到了女扮男裝的柳如是，展開了兩人後半生生涯的序幕。據說錢謙益為了要贏得柳的歡心，建了一小軒呼應柳如是的名字，經常和柳吟詩作對。柳被其才學和真誠所感動，不顧兩人懸殊的年齡差距，甘心下嫁，這在當時的文化和社會背景是不容於世的。果然婚期當天，船被許多不明人士擲入石頭和瓦片，新婚之夜被弄得狼狽、尷尬而不得安寧。

柳不顧當時輿論的譁然和反對，死守著錢謙益。並且錢後來曾因反清案鋃鐺入獄，柳如是為了成為階下囚的丈夫，以一名羸弱女子身軀，不顧自身安危，四處走託營救，最後把錢謙益從死牢裡給救出來。此舉讓許多人對於柳如是不讓鬚眉、豪氣而又深情的作為大大地感動。

雖然後來兩人也僅相處了十數年的人間歲月，隨著錢謙益的往生，柳如是嘗盡了錢族人對她的侮辱和凌虐，但她為了捍衛自己的原則和立場，最後用自裁的方式了斷了自己青春短暫的四十六年生命。無論如何，她絢爛、可歌可泣的女中豪傑行徑，也成為後代人歌詠傳頌的對象。

現代的年輕男女，經常為了自私和慾望把占有和嫉妒視為當然，因此男女之間互動的目的，並非是為了兩人的智慧成長，也不是以雙人成熟的理性相處，於是經常從社會新聞、周遭環境中聽聞，有所謂的情殺、姦殺，或因感情爭端而引發的傷害事件層出不窮。這和我們的社會教育、學校教育及心理衛生教育都有極大的關係，當然也和大多數人的兩性平權觀念下，離婚率節節上升有關。大多數人現在趨向於不婚、單身的現象愈來愈多，是因為現代人對婚姻有莫名的恐懼感、不安全感所致，再加上現在許多人稱之為「女力時代」來臨，已經擺脫了過去女人仰賴男人經濟照顧的傳統觀念，所以一紙證書已經無法拴約住男女雙方的心。

看來，未來的社會，結婚已經不是必然，大多數的人對感情世界的看待，將會變成觀望相對的互動模式。真不知感情這件事，到最後和現實是否可以分割處理？假若如此，未來的人對愛情還會存有夢幻嗎？這是否暗示著理性成分居大的感情，才可以平安無礙地相濡以沫，執子之手，白首至老？

13
放射元素的由來

一旦決定了目標，
就絕對不會因為遭受到誤解或排斥，
而選擇逃避或放棄。

居禮夫人一生的奮鬥

求學的時候曾經有一段時間沉醉在化學程式的公式裡轉不出來，也曾學習古往那些科學家們進行一些實驗方面的遊戲，一下子用氧氣，一下子用二氧化碳，腦海裡塞滿了很多方程式——什麼東西加上什麼東西會是什麼樣的組合，會有什麼樣的反應，這個劑加上那個劑混雜會是什麼結果，也做了許多實驗，製造了一些可以喝的飲料……雖然後來所學的跟此無關，但不可否認這讓我後來還搞得清楚所謂的分子設計，也能了解別人在做的實驗裡面那些四氫鋁鋰有些什麼作用，當它碰到哪些成分，會變成什麼顏色，原本白色的形體有些什麼樣的變化，它的熔點高達幾度，它在怎樣的溫度下會呈現不穩定狀態，碰到水為什麼又會瞬間分解掉……總之，從最簡單的化學公式到希德布朗函數，我都樂在其中，玩了好一陣子。

無數微量的顆粒物體在流暢不規則的空間所產生的碰撞，我看到的不是化學人所要的定義，我得到的是《金剛經》裡面所謂微塵眾的意涵。從化學的世界裡，其實可以對應到許許多多的人生道理和經文裡面所涵蓋的內涵，真的挺有意思的。

當時常常提供我資訊的是我的化學老師，她是一位很卓越的女性科學家。據她說，她之所以會從事研究，完全是受到了十九世紀法國著名的諾貝爾獎得主——瑪麗．居禮的影響。我的化學老師一生好像待在實驗室的時間比在家裡的時間來得多，也因為如此，她的婚姻最後走向了破滅，家裡的人都極不諒解。離婚時也沒從夫家得到半點贍養費，苦哈哈地有時連房租都繳不出來，但她也不會為此而苦，直說有化學就好，有實驗可做就是幸福。這讓我想起了孔子的得意門生顏回，為了做學問，二十九歲頭髮盡白，三十一歲就撒手人寰。所以孔子對他的評語是「一簞食，一瓢飲，在陋巷。人不堪其憂，回也不改其樂」，我的化學老師似乎也頗有顏子的味道。或許每當她生命遭受到挫折的時候，她都會尋找她的精神依怙——居禮夫人，與她祈禱神交吧！否則正常人是無法長此以往、曠日持久地去做一件事。

居禮夫人的確是有著如神一般的絕對影響力，截至目前為止，所有對世界最有影響力的女性統計票選中，每次雀屏為榜首的都是居禮夫人。原因是她發明了分離放射性同位素的方法遺留給世人，對於日後的腫瘤治療有極大的貢獻。她雖然身為女性，但成就絕不亞於一般功業彪炳的男性科學家，在她的生命中，創辦過兩個很重要的醫學研究中心。在世界大戰的時候，也因為她發明的移動型X光機，解決了原本在戰區很多醫療上的不便之處，可謂居功至偉。

任何一位偉大人物的出現，總可以看見他們的背後都有些不平常的過往及辛酸的往事。正因為他們將這些過往轉化成積極向上的一股能量，才會替這個地球平添諸多的色彩！瑪麗・居禮的成長過程也遭受到了許多不幸，從小母親因為得了不治之症，很早就離開了她，最後連和她形影不離、照顧她的姐姐也去世，所以她是在完全孤單卻又必須獨立的狀態下成長。或許正因為這種環境，使她對於自然科學的世界產生了好奇，轉移了她的注意力，從此之後更專注在學業上面。不斷努力的結果，終於讓她一償所願進入理學院。這期間，基於自己的理想而奮發苦讀之下，她從多位競爭者中取得了物理學士第一名的優異成績，並且來年也獲得了數學學位。後來她認識了她的先生，兩人同時一起研發和放射性物質相關的研究，結果發現了放射性元素「鐳」，在十九世紀這是人類史上創世紀的發現，因此，在一九〇三年她和貝克勒爾一起被提名，獲得了諾貝爾物理獎的殊榮。

我對居禮夫人的崇敬，來自於她一生替物理學界及人類所作出的貢獻，這不是一般女性可以做到的。特別是她從小那種無私為他人犧牲奉獻的精神，更令人讚賞！例如她從小就為人打工幫傭，只是為了要提供姐姐的學費；她為了節省家中油燈耗費，都去當地的圖書館唸書直到關門；為了研究鐳，她經常有一餐沒一餐地節衣縮食，只為了累積金錢購買研究所需的素材；最後當她成功時，她卻把當時已經創價高達一百萬法郎的鐳，無私地捐送給癌症研究中心，不求任何報償。這種為了人類福祉，不顧自身享樂的態度，哪裡是當代人可以比擬的。

居禮夫人也曾經經歷了和她結縭多年的伴侶，她衷心愛戴的丈夫，從原本形影不離到突然間被告知車禍死亡！這麼大的創傷，換作別人應該完全無法承受而一蹶不振，但是居禮夫人卻把它轉化成為一股能量，並結合先生的精神和遺志，更加夜以繼日地堅持兩人共同的理念去研發，最後又再度獲得諾貝爾獎。

在已經是全天下人盡皆知的狀況下，以她的知名度和專業地位，要求名、求利可說是易如反掌。但就如同她的友人所講過的一段故事，她們到居禮夫人的家中作客的時候，竟然發現一般人求之不得的黃金鑄造獎章，卻被她家中的小孩拿來在地上把玩，這令她們感到訝異。居禮夫人有著她另外一套教育法則，她的說法是，要讓小孩知道不要太注重名利，就像手上的玩具一般玩玩就好，絕不能過度看重，不然就不會有太大的成就，因此才能培養出優秀的後代。果然她的兩個女兒，一位後來也得到了諾貝爾化學獎章，另外一個女兒成就也很大，還幫她撰寫了《居禮夫人傳》。據她的女兒們所描寫的居禮夫人，平常是極度苛刻地對待自己，哪怕她的薪資在當時已經非常高，但家中有時卻窘迫到連給客人坐的椅子都沒有。家裡所用的紙張、紙片，甚至都是從外面拿回來的，她外表給人的印象也是一副寒酸、窮困老太婆的樣貌。

女性也有斷背山

陳亦嵐曾經在我的記憶中消失了約十年的時間，她原本是就讀郊區的一所學院，主修藝術。若是生在古代，我覺得她會是一位世出的不櫛進士，悖古而又激進的思想，外型明眸皓齒，眼睛黑白分明，骨碌碌的水汪眼睛據說迷煞了周邊的男士。她極為冰雪聰明，加上外型亮麗，因此學生時代就是一位鋒頭極健的校園人物。但她從小就很清楚自己喜歡的不是男人，而是羸弱、多愁善感的女性。在高中時，她的家人發現她有蕾絲邊的傾向，母親為此一度精神異常。雖然在那段時間裡，為了安撫家人，她和她的同性女友表面上暫不來往，可也無法阻斷她與生俱來對所鍾情女子的那份柔情。

到了大學，由於校風的開放，加上所學的是藝術，這使得陳亦嵐在思想的偌大世界中，更加地無所阻隔，可以自由自在地奔馳。她喜歡上了一位善於操弄七弦古琴的學姐，這名學姐亭亭玉立，身材極為修長，骨架至為纖弱，是一位水靈清透的女子，任何男人若與其攀談，都極容易無法自拔地自陷其中。據說她們的交會是在七月一個吹拂著涼爽夏風的午後，那名叫阿月會彈古琴的學姐，恰好在校園裡一座大理石的石几上操撫著《陽關三疊》。陳亦嵐恰好有事經過，她被這在一株古老榕樹下的景象給震懾住了！眼前的女子是那般地令她心蕩神馳，透過纖纖玉手流瀉出來輕舞曼妙的旋律，時而如丈高瀑流傾瀉苔石間清脆的聲響，時而如銀線般的溪水穿越千山萬水似地傾訴著對大地的情衷，陳亦嵐被那如雷如電的氛圍撼動住，不由得由遠而近地欣賞著。這時阿月也恰好彈奏到接近曲尾時地婉轉飄渺……就在收曲時，阿月側身轉頭那凝眸的一笑，註定了兩人不歸路般的緣分。那一回她們從藝術、琴韻，探討到了哲學，從《奧義書》到泰戈爾，從莎士比亞到東方的莊子，奇妙的情苗就這般地在彼此的心海中滋長著。從那次起，兩個人就有了靈魂上不可或缺的牽繫。

直叫人生死相許的愛情故事

平心而論，稍有才情的人就會知道，同性之間相互喜歡，進而產生情愫，甚至生死相隨，千古間詠頌著如詩如歌般的故事，其實隨處可見。這令我想到了一句魚玄機極為有名且成為千古絕唱的「易求無價寶，難得有情郎」，但是蘊藏在魚玄機這句詩的背後，卻也在訴說著魚玄機傳奇浪漫又耐人尋味的一生。她是一位成名於晚唐的著名女詩人，也是當時響叮噹的京城名妓。不但人長得極為出色，才思更是敏捷，飽讀詩書，她曾經膾炙人口的傳世詩集，更是受到當時京城文人墨客的傳頌仿效。魚玄機後來出家當了一名女道士，但她卻沒有安分於道觀中的道課，反而一反常態地放浪。其中與觀中名叫採萍的女道士實有染指之實，據說已經到了泥中皆有彼此、如膠似漆的境地，只是後來也沒弄得好的收場，魚玄機所譜的琴譜中有多首都是為她而寫。

明朝也有膾炙人口的怨婦楊夫人與小青兩人間糾葛悱惻、悲悽感人的相知相戀故事流傳於民間。起初是因為楊夫人憐憫小青的嬌柔和病體，在楊夫人的親切撫慰言語下，打動了小青的心弦，兩人從此後經常深情款款地互有書信往返，就這般兩人經過了為時不短的互動。

最後由於楊夫人要隨夫遠去，留下病懨懨的小青，小青由於用情過深，擋不過相思之痛，她原本瘦羸的身軀便更為形銷骨立。在末了，她的畫師想要幫她畫影留念，連披掛在肩膀上、薄如蟬翼的綾羅薄衫也如同千斤頂般地沉重。她臨終前也只能無奈地寫了封《與楊夫人永訣別書》藏至枕下……。

陳亦嵐和阿月自從在那棵古木參天的榕樹下定情之後，從此過著兩心無猜一般的日子。花前月下、溪水之畔，無數個滿布繁星的深夜，兩人躺在草坪上，夢幻般地細數著天上的星辰；休假時，也可以兩人繾綣在被窩裡一整天，說不盡粉紅色泡沫般的夢囈，數不盡的枯風淒雨，兩人共撐傘下的綿綿情長。但此情此景就在另外的第三者出現時發生變化，陳亦嵐天生善妒的個性與表現也決定了兩人決裂的結局。

多次的談判與溝通之後，知道挽回不了這段曾經海枯石爛的戀情，陳亦嵐墮落了、消瘦了，也放棄了好不容易爭取到的英國著名藝術學院的獎學金。家人對她的不諒解，使她開始夜不歸宿跑夜店，認識不同的男男女女，過著燈紅酒綠的生活，想要用酒精麻痺自己的知覺。但每次午夜夢迴驚醒過來時，滿身大汗，頭痛欲裂，渾身的酸楚，仍然難以忘卻的還是那段纏綿悱惻的兩人時光。她用盡了一切方法，卻總是無法揮卻心中的思念與蕭瑟。

某一天，她躺在床上輾轉無法成眠，就這樣直到魚肚發白，她搭著第一班車到了萬華的龍山寺，跪在觀世音菩薩跟前，再也忍不住心中的苦楚，放聲大哭，淚流滿面，把這段時間以來內心壓抑的苦痛，就在佛前喃喃呢呢地訴說著。講完之後，似乎覺得有種如釋重擔的解脫感，拖著蹣跚的腳步，漫無目標地閒逛，到了西門町獅子林一帶，很多店家也漸漸地開始營業。突然間有個年輕的身影跑出來向她打招呼：「亦嵐姐！亦嵐姐！妳怎麼會在這裡？」陳亦嵐回頭一看，原來是小婕。她們兩個原本都是讀書會熟識的成員，小婕就邀請陳亦嵐去她的店裡面喝飲料、聊天，於是陳就聊到了前段時日自己所發生的事情。

「其實這並不是什麼多嚴重的問題，只不過當局者迷，妳暫時走不出心裡的糾結罷了！這樣吧！這兩天我陪妳去找老師聊聊，請示一下他的建議及看法。」小婕說。

陳亦嵐可能是因為前面的這段戀情，導致一段時間她的音訊中斷，我們也沒有再看到她。這次約好了來訪的時日，她一走進我辦公室的時候，我心中有股怔忡之情油然而生，怎麼人世間的感情會把好好的一個人折磨成這個樣子？但我能理解，感情一旦投入就如同見到烈焰的飛蛾般，任誰都會失去理智，這就是世間的男女永遠解不開的習題。

我請她坐定，開始沏茶與她聊天，讓她詳細地訴說了她和那名女子之間的過程之後，我開始勸慰她。

「妳要感激她，無論妳們的情感能不能被身邊或周圍的人接受，或者有沒有結果，都不是重點。人最重要的是在每一次的受傷和跌倒時，都要從中學習到經驗，而不是非理性地一定要獲得一個交代，來滿足自己的平衡。這種心態會影響到妳下一次的戀情，負面地吸引到另一個自他相害的對象出現。難道妳願意每一段的感情都是傷害他人或被傷害嗎？

「妳現在的情緒也逐漸地恢復，可以很稀鬆地處理和安排日常的生活事務，所以我想跟妳說一個故事。妳有沒有聽過烏克蘭有一名極有天分的舞蹈藝術家？這個人是天才型的舞蹈家，十三歲就申請進入英國皇家芭蕾舞學院，多次獲得比賽大獎，很年輕就被網羅加入了全世界舞蹈家夢寐以求的皇家舞蹈團，成了史上最年輕的首席舞者，一夕之間在國際上爆紅，那時他還不到二十歲。但是他並沒有因此而走得很順坦，因為他沒有辦法調整好成名以後的心緒，所以他用刺青來釋放自己的壓力，全身各處都刺滿了圖騰，他這個舉動引起了舞蹈圈極大的震撼。更令贊助他和支持他的家人及團隊不能接受的是，他對全世界宣布了從此退出舞蹈圈，這對他所有的粉絲來講，無疑是晴天霹靂。

「而後他一度沉淪，為了躲避周邊人對他的杯葛、不滿和情緒，他不斷地逃避，經常上夜店，甚至於還吸毒。但最後他的理性戰勝了他的叛逆，他覺得他的人生才剛開始，沒有必要因為叛逆和逃避壓力去和環境對抗，因為如此受到傷害的並不是只有自己，而是他身邊一群支持他的廣大群眾。如果他自私地只想讓自己的心裡好過，而用逃避的方式過日子，那他傷害的就不是只有自己。他經過沉澱之後，和著名的導演拍攝了一部個人的紀錄片，這部用心努力所拍攝的片子一夕之間爆紅，在歐美和亞洲國家連續好幾個禮拜創下了不可思議的觀影人數。

「關於這位烏克蘭明星舞蹈家，我私下對這位年輕舞者的欣賞，來自於年輕人的那一份執著和勇氣。他不會畏懼輿論和周邊人的眼光，觸犯對於一位舞者致命的禁忌——把自己的身體當畫布，表達自己心裡的感受及想法。另外他比別人更努力地在自己專業的領域上力求表現，有時一個動作重覆練習數十遍，直到自己和他人滿意為止。這種敬業的態度，贏得了粉絲們極大的敬意和迴響，這可以從購買他的入場券必須得在兩年前就先預購，否則一票難求的盛況下看出。難怪他的電影一上映，在世界各處都創下了從未有過的驚人紀錄。」

愛情的重新覺醒與超越

我那幾個小時陸續舉了很多近代藝文界相關人物的奮鬥史給她聽，目的是要告訴她——受傷的人沒有悲觀的權利，受傷的人只能用舌頭觸舔自己的傷口，受傷的人心中永遠只能生起堅忍不拔的想法，那就是不能再有下一次！如果可以堅決地確定，那其實他始終是戰勝的一方。

在我和她茶話的過程中，她似乎找尋到了下一個人生的出口。就在這個時期裡，其實她也有認識一位游泳教練，對她極有好感。這位教練據說長得極有陽剛男子氣概，他不計較陳亦嵐的過往，反而有耐心地等待她善意的回應。陳亦嵐其實也極度地愁腸百結，以她成長過程當中性向的矛盾，現又碰到她心中也蠻有好感的這位男性。這個煩惱的出現，對她而言，反而恰好可以轉移她和阿月之後的那段空窗歲月，她的矛盾是在於她應不應該去接受這段誠摯的感情？

「感情這件事並沒有任何條件上的限制，只在於對象足不足以有魅力到可以讓自己顛覆般地改變自己。如果可以，這就是所謂真愛的出現。如果愛對方勝過於愛自己，有時連自己的身心靈也會跟著調整改變。這妳倒不必考慮太多，妳要想的只有一個問題——假如妳的理性權衡下，對他的感覺還超越了感性的喜愛，那就對了！」我簡單地給她我個人的建議和看法。

「謝謝老師對我的建議和提醒，我大概知道應該怎麼做了。希望下一趟再來看老師的時候，是另外一個嶄新的自己。」陳亦嵐愁眉舒展地說。

陳亦嵐的感情故事反映了當代年輕人虛無縹緲的人生觀，很多人生活的重心似乎只建設在一件事物上面，我認為這對一個人的生命而言，有極大的投資風險。感情對於男女的一生來說，也不過占三分之一左右的比重。當然對於感性稍強的人而言，他也許可以為了愛情而放棄麵包或現實的一切，但對自體生命價值感而言，生命並非只有感情這件事而已。現代人應該要把眼光放遠，角度加深，才可一窺從無始不可知的生命原點，靈魂最深邃處真正的自己。

從瑪麗・居禮夫人成功奮鬥展現在人間的故事，一路演繹到近代男女青年們經常會為了感情或突如其來的生活挫折，就把自己原本的理想和抱負霎時間粉碎蕩盡，看在眼裡有時也只能替他們惋惜。常想同樣是一顆心，難道會有今昔之別嗎？我想不是時空的問題，而是現代人欠缺堅強的意志力和足夠的覺醒心。

14
絕對的智慧與魄力

每個人身上都背負著許許多多的
垃圾、雜物放在自己的心中，
但如果你要看破，你就要學習放下。

諾貝爾醒世的一生

幾年前因為要製作自己創立的協會和個人的徽章，因此蒐羅了相關的資訊，也參考了國內外歷年製造證章、圖騰的照片。在一份報導上，被一枚刻有希臘科學家阿基米德側面頭像的雕刻品，以及一行拉丁文所吸引。後來了解這行字的意思是「超越心靈，掌握世界」，我覺得挺有境界的，於是進一步再去了解它背後的組織，才知道原來它是目前全世界三大科學類別重要獎項之一——國際數學聯盟頒發的獲獎勳章，主要是針對有卓越貢獻的數學家所表揚的一個代表性獎章。它是由金質材料雕塑而成，我被它立體空間感的層次與技術吸引住，覺得非常有質感，並且極有意義。這對我日後為自己不同團體設計的徽章，有著啟發性的參考價值。

其他兩大世界性的科學獎項是諾貝爾獎和沃爾夫數學獎，當我進一步去了解諾貝爾的徽章時，發現了這兩項獎章之間的差異處，以及諾貝爾獎章背後的一些傳說。諾貝爾獎所有的獎章到後來都是用18K金所鑄做，每個獎項的獎章正面都是諾貝爾本人的肖像，但六種獎章背面的圖騰面像都不一樣。例如諾貝爾文學獎章的背後，所刻劃的是一位演奏著豎琴的女神，旁邊有一位男性坐在一棵樹下，似乎在記錄著這位女神所彈奏出來的樂章。又如諾貝爾醫學獎背後，刻劃的是一位膝蓋上攤著一本書的女神，一隻手攙扶著羸弱的病人，另一隻手拿著碗挖掬著泉水，為了要給身旁的病人飲用。這些不同獎章所刻劃出來的生動背景以及它的意義，引發了我對諾貝爾獎典故和緣由的興趣。

諾貝爾的人生中，充滿了許多的不平凡，他的父親是一名建築師，母親沒受過太多的教育，又來自於農村，有著一般農村人家堅毅刻苦的人生觀。雖然家中兄弟姊妹眾多，但是因為衛生環境和經濟條件的因素，最後可以存活下來的只有諾貝爾和其他兩位小孩。由於諾貝爾從出生後，健康情況就不甚良好，於是母親幾乎把所有的關愛和時間都耗費在他的身上。由於身體健康的因素，也直接影響到他無法專心一志地把書唸好。再加上那段時間，身為家中經濟唯一來源的父親突然之間生意破產，一下子陷入很拮据困窘的狀態，他的母親從此必須獨撐大局，養活全家。諾貝爾羸弱的身軀也造成左鄰右舍和親屬對他的觀感不佳，甚至於有很多的閒言閒語，認為他的出生帶給了他的父親厄運，才會在他一出生後，父親生意就失敗，還要遠走他鄉，弄得妻離子散。所以諾貝爾的童年，其實是在很不愉快的環境中成長。

後來，他的父親無心插柳地在俄國福至心靈般地發明了火藥，這個創舉，替他的家庭和自己的事業重新開創了一條嶄新的道路。於是母親就帶著他們三兄弟去俄國和父親團聚，此時諾貝爾才又重新嘗到了家庭的溫馨。可是這個時候，他的年紀已經不小了，或許來自於父母親的補償心態，這期間父母幫他找了當地最著名的家庭老師，大量地學習英文、法文和俄文等等。由於年輕時失學的關係，令諾貝爾度過了慘綠而毫無生機的大段時光，此時父親的轉機使得諾貝爾的生命如同大旱雲霓、枯木逢春般地重新尋找到人生的桃花源，就彷如萬物蔥蘢般地帶給他無限的生機。由於他的努力不懈，在三十歲那年，他取得了人生中第一項的炸彈專利。這一次的成功，誘發出了諾貝爾的發明家潛力，他廢寢忘食，不斷地挖空心思，經常曲肱而枕、自得其樂地在研發室孜孜研究，足不出戶。這個態度讓他總共獲得了三百多項發明專利，其中一百多項都和火藥的研發相關。

就在諾貝爾事業嶄露頭角的中年時期，人生中另外一次的創傷帶給他生命中又一次的黑暗。他一生中唯一的一次愛戀，他傾其所能地把生活中最美好寶貴的一切所奉獻的愛人，就在一場無力挽回的疾病裡離開了人世。那時期，諾貝爾的人生如同墜入了無底深淵的地獄一般，令他萬念俱灰，了無生趣，鎮日像拖著沒有靈魂的屍體般無所事事，怎麼也提不起勁。後來經由友人的鼓舞，認為他這是自私的行為——擁有可以拯救全人類福祉的智慧，卻自裁般地過著自怨自艾的生活，這是把人民的權益丟棄在腳底踐踏的舉動。最後諾貝爾終於從幽暗的谷底攀爬了出來，他把情感上的失落轉向積極地研發工作。他比以往更加百倍地心無旁騖、違心一致，把精力和時光全部用在炸藥的實驗上。他不止百次、千次地上山下海去做試驗，這個過程是艱辛的，因為實驗的過程經常會有人傷亡，但一次次的挫敗反而引發了他更強韌的意志力。他在心中對自己暗中立下了豪誓——一定要研發成功！雖然同業之中處處都有人與之為敵，不斷地有輿論攻訐他、排擠他，甚至很不幸地，在一次實驗引發的爆炸中，不但整個實驗室被炸得粉碎無存，正在做試驗的工作人員和他自己的親弟弟也在這次的事件裡喪生了。這成了社會的重大事件，連原本支持他的民眾也不禁懷疑起他的專業，組織了抗議團體，不讓他在這座城市裡再設立任何相關的實驗室。這對諾貝爾來說，又是一次人生中莫大的打擊，同時也因為失去了至親手足，更讓他極度悲痛地譴責自己。

幸好，諾貝爾沒有因此喪失了對研發的熱情。就在那段如霜雪般篳路藍縷的研發窘境中，諾貝爾只能默默地遠離城市和人群，到了杳無人煙的海上，繼續不懈地做研發工作。這期間如河清難度般地悠長，一次次的實驗，足以把人的勇氣、耐性、銳志給消磨掉。但就在一次的實驗受傷中，諾貝爾得到了莫名的啟發，發明了硝酸火藥！這種對未來世界的爆破增加了極大安全性與強度的炸藥，終於被他掌握到了竅訣！這也是日後無煙炸藥的前身，也為他博得了「炸藥之父」的頭銜。

如果沒有當年諾貝爾的這項發明，全世界很多的交通道路將是關山阻隔無法通達，人類也會因此交流困難，須耗費更多的時間。更重要的是，如果沒有運用火藥來開山鑿洞，許多人都會在以人力跋山涉水、以手搏天的過程中犧牲了生命。因此，雖然這世界上也有不同的聲音——認為諾貝爾所從事的工作是一項造成死亡的工作，但從另一個角度來看，一個人活在世界上，他的發心如果是為了群眾的權益而做的貢獻及努力，那應該也是值得令人激嘆的。

成名後的諾貝爾雖然已經成功取得了全世界近四百項的專利研發，但他並沒有因此而自我滿足，他覺得自己的成功是來自於群眾的支持，因此日後反而更積極地穿梭在不同的國家中，為研發的專案而奔走。雖然之後生命中陸續發生的幾件事件也足以令諾貝爾噬臍悲痛，但他對自己所做的事業卻從不言悔。即便在人生的最後，他因過度工作而昏倒，大腦已經局部損壞，他仍然不放棄他的人生志向，這點是令我感動的。

諾貝爾最後死於腦溢血，更令人惋惜的是，他死時沒有親朋眷屬在他的身邊。對於人類有著如此卓越貢獻的一位智者，死時卻是如此地唏嘘冷清，真是令人嘆息不已。諾貝爾的偉大，在於他死後被發布的遺囑內容，這遠比他的發明還有意義，那就是宣布了諾貝爾的獎項及基金會的成立，他的這種胸懷和遠見，為人類和世界創造出更多有利於人類福祉的發明家。

愛情迷霧森林中的小故事

大約在十多年前，我在大台北地區設立了一個講堂，當時我所講的課程比較多元化，有《老子》、《莊子》、《列子》及佛教的幾部經典，來上課的學生很多。那時期各個階層的學員都有，幾乎士農工商無所不包，外國人的團體也在那時陸陸續續開始萌芽。誰也沒想到，在往後十多年間會和十幾二十個國家、近千位的外國人士結緣。那段時期，港澳、東南亞地區的學員也漸趨穩定，由於也時常從事多項公益慈善活動，所以接觸了許多人。只記得上課時，學員把整個講堂充塞得水洩不通，有時人滿為患，連樓梯也都擠滿了人，把幾百坪的空間塞得黑壓壓的。

張婷珍當時約莫三十出頭歲，在一家媒體傳播公司當主管，人出落得水靈大方，穿搭衣服也挺氣派時尚。只知道她在這個行業中鋒頭頗健，但也許在公關單位待久的緣故，除了應對得體之外，平常來上課時倒也表現出罕言寡語，不與人攀結是非的態度，很世故，懂進退。另外，也得知她在一位頗富文采的女教授處學習唐詩，對於詩詞歌賦也有些天分及喜好。當時她是一位報社退休的資深記者學生引介的，這是我對她初步的認識。

大約過了兩年半左右，有一天她透過助理說有私人事情想詢問於我，於是就在一個星期三例常上課之後，我給了她一個時段。她進入我的會客室之後，很爽快地拿出了一張照片，照片中是張婷珍和一位年紀稍長的中年男士，長得一副瀟脫不拘、舉止文雅的模樣，好像是郊外出遊時的合照。男的一隻手搭攬著張婷珍的肩膀，看起來好像是鶼鰈情深、熱戀中的情侶，我想我已經大約知道她的來意。

「妳是不是要我給妳一些建議，關於這位男士？」

張婷珍有點靦腆，笑笑地點點頭。

「這是我在某次活動中認識的朋友，大概交往了半年，想請老師看看，給一些意見，我和這位先生有沒有結果？」

我其實看了照片就有一些不祥的感覺湧上心頭，但對於似乎已經用情頗深的她，又有些不好潑她冷水的想法。正在躊躇的時候，張婷珍開口了。

「請老師直言無妨，我都可以接受。」

「既然如此，我就直話直說地告訴妳，妳和他不會有結果的。而且如果我的判斷沒錯，妳現在是陷在三角關係之中，妳自己知道嗎？」我試探性地看看她，這時她聽了我的問話，臉上的表情一時之間風譎雲詭、紛雜地起了些變化。我考慮到她的尊嚴，就沒有進一步追問下去，但我把話壓在前頭。

「我看得出來，妳已經投入了感情，但我希望妳能夠用妳的理性，停止繼續讓自己的情感投注下去。我希望妳後半輩子的人生，是有人和妳攜手偕老地走完，而不是獨自一人喟嘆飲泣，陷入雞聲斷愛之中，因為這種遭遇是女人一生中最不願意遭逢的。」

我其實話中仍然帶有保留，主要是不想讓她太過失望。但我從照片中，已經清楚地看到這名男子在壽元上似乎有難以度過的一劫。

「既然老師已經清楚地講到這裡，我就把我現在心中的糾纏和痛苦訴說出來，希望老師可以給我一些指引。」說這話的時候，張女其實已經壓抑不住停駐在心中那份奔騰不已的情緒，邊訴說，眼淚邊奪眶而出，活脫像個淚人般。

「我是在朋友聚會的場所認識這位先生，起初我也不以為意，但對方接二連三又送花，又打電話，就在這樣溫情積極的攻勢之下，我陷入了迷失之中。到最近，我才知道原來他有家庭。大約有一個禮拜的時間我不願意接他的電話，但他更積極地到我上班的地點等我，不斷地向我解釋，並且說他會和他的太太分手，因為他們的婚姻早就有了嫌隙，已經到了凶終隙末、無可挽回的程度。不是因為我的介入，而是他們兩人早已經到了水火不容，動輒得咎、睚眥必裂的境況，所以請我給他一點時間……」

我聽完了張女這段敘述之後，心中起了一個念頭，我覺得應該更明白一些地把我的看法告訴她。

「實地告訴妳，妳是在流年走桃花煞的時間碰上這位男士。妳的夫妻宮三方都碰到了左輔和右弼，再加貪狼星，又有化忌加流年的流煞進來，沖動了妳的夫妻宮，所以妳必然會有三角戀情，而且速度會極快地墮入。我看這位男士年過五十還如此地皓齒朱顏，臉色豔若桃李，細看魚尾紋雜亂地亂竄，臥蠶之處豐隆凸起，其實是名性好漁色之徒。眼睛未語含笑，生就一副桃花眼，這種男人極懂得討女人歡心，甜言蜜語是他的專長。我相信在妳之前，他應該不止一次用這樣的方式擄獲過其他女人。

「當然我現在跟妳講任何話，妳都聽不進去。戀愛中的女人是既聾又癡傻的，妳現在的心就如同重簾深閉一般，內心裡對我的話一定會有所排斥。但沒關係！因為妳尊重我，問到我，我不能欺騙妳。這件事情就算沒有了結，宿命也會拆散妳跟他之間的這段姻緣。妳也許聽不懂，可日後妳會明白的，我今天只能跟妳談到這裡，妳好好地著墨思惟看看。」

這次我和張女面談之後，依照往常，每星期還是看到她出席講堂的課程。大概過了兩三個月，突然之間她就消失在固定的一些活動行程中。由於我那段時期也較忙，所以並沒有刻意去留意這件事情。直到某一天，又接到張女的電話，說有緊急的事情，希望來見我一面……。

「老師，不知您是否知道最近發生了一件空難事件？」

「我用餐時好像有看到這則新聞，報導說有很多人罹難，怎麼啦？」

這時的她突然間情緒崩潰地哭泣起來。

「他也在這份名單裡面……怎麼會是這樣子？」

這起事件總共奪走了兩百多名乘客的生命，發生的緣由是飛機在高空處整個解體後墜海，全機無一生還者……這件事情令我想起了之前相片中的那位男士，身上和臉龐散發出無形的煞氣。我知道他應該會死於非命，但沒想到竟然應驗了。我邊思惟，邊等待著張女接下來要對我訴說什麼……。

「我後來一段時間沒有來講堂，是因為我知道我做不到老師給我的提議，一方面心裡不好意思，另一方面男方更積極主動，竭盡所能地百般獻殷勤。但其實，男女之間都有段情感的蜜月期，當我從感性中漸漸地透發出理性時，我了解到很多細節並非如他所講那般。我心中其實有數，知道這段感情應該不會長久，但是我還是斷不了，仍被動式地和他來往，直到這件事件發生。明知道這是段沒有結果的戀情，我的個性卻是如此地執著，一旦投入，就像蛾蟲看到了火光一般，不顧一切地往前撲去，這也許是我的宿命吧！可是畢竟自己也投入了相當多的情感，因此聞訊之後，一時之間只覺霹靂列缺、雷轟電擊，真不知如何承受是好？」

在張女來訪的過程中，她對我訴說了這名男士如何如何地不實在、浮誇，而且他的婚姻狀態也非如他所講一般，所以讓她活生生地成了一名第三者。理性與感性糾葛的矛盾下，我自能體會。最起碼張女曾經學習過的道德閨範，還是會讓她在下意識中牽扯不安，所以她選擇了一段時間的缺課……。

周邦彥與李師師的綺麗愛情故事

「雖說這一世情感的對境障礙，往往來自於過去世的情債。可是妳也上過一些課程，妳應該知道，當男女之間面臨到遲疑難判、猶豫不決的課題時，妳應該想到暫時地冷卻、抽離，以及想到我曾經提過兩匹馬頭套轠繩的比喻。當時，只要妳這方放下了轠鎖，這因緣就會截然不同！無可否認，情慾這東西自古都是磨煞人的，男女皆然。

「古代的才子周邦彥雖然以奇詩獨步詩壇，但卻因為李師師這名花國歌妓，使得他臨老也落入了花坑之中，難以自拔，最後還惹了一身腥，搞得和宋徽宗君臣之間極為尷尬，差點連命都沒了。妳看他為李師師所填的詞——『鉛華淡佇新妝束，好風韻，天然異俗。彼此知名，雖然初見，情分先熟。爐煙淡淡雲屏曲，睡半醒，生香透玉。賴得相逢，若還虛度，生世不足！』就可知道這位久負盛名的詞人是如何地風流，甚至罔顧自己的身分。

「我舉這個例子給妳聽，是要妳明白，許多人被粉紅色泡沫給迷惑，尤其喜歡沉醉在詩詞、音律之下，那種綺麗、華貴的文藻，身處夢幻中的男女無論是何種身分，都是會落馬墜坑的。妳喜歡研究古詩詞，所以我講周邦彥的故事，妳應該知道。一生努力所掙得的功名及名聲，有必要為一段撲朔不切實的情感，投注一世的才情嗎？就如同妳擁有好的外貌，善解人意，能說善道，年紀輕輕也飽讀古籍，這在妳這個年紀算難能可貴，原有大好的前途，卻弄得工作都丟了，容貌也變了，有必要嗎？

「這應該也算是一段孽緣吧！如今冥陽殊途，天人永隔，對妳而言是一個好的契機，妳應該開開心心才對。很高興妳能來找我談心中的塊壘，聰明如妳，希望從今以後，選擇伴侶時一定要小心謹慎，尤其妳的命格桃花過旺，很容易招惹一些已婚男子的覬覦。最好在沒有投入感情之前，先把對方的背景弄得一清二楚，不要一頭就栽進去。妳已經漸漸有了年紀，女人和男人是不一樣的，談個兩段感情差不多就老了，所以要格外小心。妳這兩年沒有正桃花，我倒建議不如重振旗鼓，充實專業領域的知識，重新出發，把這些不愉快的事拋諸腦後，三年後自然有正向的吸引力，會幫妳帶來好的姻緣，開心地去過妳的生活吧！」

張女聽我一番長篇大論的勸慰後，她如釋重擔，鬆了一口氣。我沏了一壺十大名茶中的水金龜，燃上了上等的白奇楠，藉著裊裊輕煙，帶走張女的情仇。在這一刻中，就讓它燃盡、灰滅吧！許多人身上習慣背負著很多包袱，自己也樂此不疲，就好比人習慣在心裡存放很多沒有意義的煩惱一般。有智慧的人會知道，這就如同坐上竹筏的目的原本只是方便自己登岸，可是一旦抵達了岸邊，如果還是執著於那架竹筏，不忍捨棄，甚至於還希望連同竹筏都背上岸，試問他還能輕鬆地上路嗎？

放下的重要性

道教全真派的始祖王重陽尚未悟道之前，在山洞裡煉丹。一天，有一位悟道的長者從他的洞門口走過去，王重陽知道他是一位得道高人，於是他從山洞中步出，看到那位高人肩膀上背負著行囊。那長者看著王重陽，緊接著把那一身重擔的行囊放置在地上。

「請問你有何事？」

「晚生有一事叩問，我打坐、煉丹已有一段時日，也有個入處，但是心中有一煩惱始終未明，盼道長能指點迷津。」王重陽兩手作揖，恭敬地請示這位長者。

「豈敢！豈敢！請說。」

「當我已經體悟到了我想要的大道之後，將該如何？」王重陽接著再度請問。

這老者啥話也沒回答，只是對著王重陽笑笑地看了一下，他就背起了地上的行囊，頭也不回地只顧往前走去。

「我明白了！」這一臉茫然的王重陽當下拍掌大笑說。

每個人身上都背負著許許多多的垃圾、雜物放在自己的心中，但如果你要看破，你就要學習放下。只要還在這世上的一天，都將會有捨斷不下、無盡的煩憂，唯一的方法，就是你要能做到斷捨離，這才是真正生活中絕對的王道。對於一個已經體會到絕對真理的智者而言，二元對立的物質生活上一切的垃圾，將一塵不立地無法著身。所以放下和背負對他而言，也已只是一種形式而已。

無論是諾貝爾，或者是現代生活版的張婷珍；無論是多久遠的年代，或是未來的世代，只要是人，都會背負著數不盡的煩惱。不僅僅是感情的事件而已，如果沒有非常的絕對手段和智慧，每個人都會煩惱地來，懵懂地離開，這豈不可惜？所以獲得智慧人生的唯一方法，便是培養頓離能所與二元對立的絕對魄力。

15

當代盛女側寫

一旦決定了目標，
就絕對不會因為遭受到誤解或排斥，
而選擇逃避或放棄。

時勢造就之下的武皇后

九春開上節，千門敞夜扉。
蘭燈吐新焰，桂魄朗圓輝。
送酒惟須滿，流杯不用稀。
務使霞漿興，方乘泛洛歸。

中國傳統的五言律詩濫觴於魏晉南北朝，它的形式主要著重在聲律、對偶，在當時是一種新體詩，淵源於齊武帝時期，史稱「永明之治」。五言律詩從那個時期漸漸由雛形發展，經歷了唐宋初期普遍流行於民間，簡稱近體詩，又稱為五律，但真正的盛行卻是在盛唐時候。像上面的這首類似五言律詩，也是在唐朝時期的一種型態，這首詩的主人是出自於唐朝唯一的女皇帝——武則天。

這首詩，我們可以從詩意了解到，在武則天統治之下的盛唐時期一片薄海欣騰、歡慶的景象——那是在春天剛來臨的一個夜晚，那天大唐的星空也感染到這片歡喜的氣象。碧藍色的星空之下，整個宮裡燈火輝煌，所有的文武百官暢飲著御賜的、瓊漿甘露般仙酒，毫無拘束，酒酣耳熱，大有不醉不歸的氛圍。從詩裡面大眾齊聚，杯酒言歡，神懌氣愉，在一片平靜無瀾的湖面上，無絲毫的負薪之憂、委重投艱之擔的群臣們，卸下了煩憂的公幹，在全然無壓的狀態下，讓整個宴會更顯高潮，眾人最後都在依依不捨的情緒裡漸行離去。

當我們讀到武則天所描述的詩中情景時，或許有些人已經忘記這位氣概不遜丈夫的女中豪傑，她傳奇又充滿爭議的一生，卻不是一般平常女子可以經歷的。暫且不論她的前半生經歷過宮闈之中那般地翻天覆地、爾虞我詐，所換取得來的周武一朝是多麼地不易，最起碼她上位後十幾年之中孚得民心，獲得了「聖母」的稱號。

在她上位之後，唐朝的星空曾經出現過流星劃空的奇象，而且前後還發生過三次。在她執政期間，奇異之事不斷，某年在白雪皚皚、雪風飄飄的峻冬裡，洛陽城上竟然出現一夜之間百花盛放的奇景。同時在正位之後，她也很睿智地從事諸多的宗教活動，全國各處都供養、敕造為數不少的佛像，這令她在宗教界得到了極大的威望，同時她還蓋了一座天樞。這些種種的功績，在在都顯現出一位女性的冰聰黠慧。事實上，武則天年輕時可以從無能的天子手中耍權弄柄，她原本只是無力掙扎天子底下的一只棋子，最後憑藉著自己的聰慧與力量，在不同角力之下脫穎而出，凌駕一群狼虎群臣之上掌握朝綱，這絕非因為當時唐高宗李治對她調情時所給予的那句「昨憶巫山夢裡魂，陽台路隔奈無門」而有了私會偷情這般地單純。

其實以歷史的角度上來看，武則天的確有著不讓鬚眉的過人本事，除了善於運用人才之外，她的過人氣度，可以開誠布公地對於任何下屬的直言，都可以慷慨灑脫地予以接受。雖然民間流傳著不少的罵名，但是無可否認，她還是廣受人民的愛戴。武則天在位時，可說是唐代經濟發展最鼎盛的時期，她掌權時和各國熱絡的貿易商機也都是有目共睹的。她從一個備受冷落、身心煎熬的女才人，到被迫遁入空門，之後再次巧妙運用技巧獲得唐高宗的歡心，為日後的攀騰奪得了一線生機，再用她過人的手段取得了皇位，武則天一生所經歷的心路，絕對是絕世超倫，連大丈夫都未必能出其右，何況是女流！

時運對於一個人來說也許很重要，但是如果懂得掌握機運，更會讓自己如虎添翼般地扶搖直上、平步青雲。武則天在她的人生轉折中，多次都掌握得極為精準、恰到好處。例如在感業寺為尼的那段期間，因為王皇后的心計，恰巧成了武則天再度入宮的機會，並且因生子有功，被封為昭儀。再有王皇后妒嫉武氏，本欲召請巫師致武氏於死，之後事跡敗露，使得唐高宗盛怒，把皇后之母驅趕出宮，沒想到這反而令武則天獲得了意外的驚喜。唐高宗為了要撫慰武則天，本來要特立一品宸妃之銜，此舉雖沒成立，但卻替武則天攏絡了日後鞏固后位的人脈。不過數月，唐高宗終於以陰謀下毒之罪，把王、蕭皇后廢黜，同時軟禁終生，從此以後武則天皇后之位終於鞏固。

武則天其實也有天縱之才，從她提出建議的十二件事可見一斑，例如停止戰爭，希望用威德感化邊域諸國；開放言論自由，廣納十方賢人建議；為了教化並提升文化水平，把老子的學說立為重要必學之經論；對於朝中官銜及獎勵制度，和前朝皆有不同，並且對於國內的農產發展有獨到的見解，因而編著了《兆人本業》這本以農立國極重要的農業書籍……。

武則天在位期間，對於文人、學者特別尊重，並且鼓勵大量編撰佛道相關的典籍，以及一切藝術文化方面的書目，這對於日後中華文化有著極高的參考價值。這些政策致使唐高宗對於武則天更形倚重，最後高宗在病逝前特別對其太子李顯授言，未來一切軍事和重要國策皆由武氏決定。自此以後，武氏太后之位確立鞏固。

在武則天掌政的期間，她有一件前所未見的創舉，那便是在洛陽城的廣場置有一個銅製的箱子，廣開諫納之言。無論朝中大臣、販夫走卒，都可提供自己對國家有益處的建議，但這也導致告密之風從此盛行。遇有重大密件，武氏還會親自面談，若查與事實相符，有時還破格授以官位；即便所查不實，也不予查究。但此舉的流弊在於有時會導致酷吏的產生，因而時有冤枉、誤判之情事，製造了不少冤獄。

武則天由於才智過人，未稱后以前，便已大量讀誦史冊、經論，因此對於日後科舉選擢人才，也是有她貢獻之處。在她掌政期間，每年科舉制度錄取的人數都以倍數成長。武氏幾乎都會在洛陽城裡的大殿中，親自提問應考者，這是前無古人的創舉，也是中國殿試之濫觴。

武后因曾削髮為尼，在長年黃冊青燈的日子裡，使得他有機會接觸到佛教的大量經典，這也是武氏雖然位居萬人之上，但對於因果還是有所畏懼的主要原因。並且她在各州鼎力修繕舊廟，創建新廟，長年供養僧眾，並且印造經書，大量鼓勵出家為僧，有時她也昇殿講說佛經。現在眾人讀誦經書之首的開經偈——「無上甚深微妙法。百千萬劫難遭遇。我今見聞得受持。願解如來真實義」，便是武則天所書之偈。若無甚深的佛學造詣，絕對無法說出如此有智慧的偈頌。或許也因為佛理的啟發，使得武氏在名利為前導的野心下，收斂了許多，否則天下蒼生不知道還有多少人，會無辜地在這場輪迴業力遊戲牽扯中淪為犧牲品。

不堪回首話婚姻

陳畢錚目前已是兩大企業體的總裁，旗下子公司為數不少，幾年前她掌握到時機，投資經營醫學科技，這個方向令她吸引了近千名的業務員推廣產品，她的王國也已經拓展到香港、新加坡、泰國、澳門等東南亞鄰近國家。陳畢錚的年紀尚屬年輕，大約五十歲上下，由於她所從事的行業也和時尚潮流相關，因此她也極注重自身的門面。永遠光鮮亮麗的外表、燦爛的笑容及一口雪白貝齒是她的註冊商標，亭立高挑，一副衣架子的模樣，形成了旗下許多年輕男女業務員仿效的對象。目前的她是得意的，是成功的，但是鮮少有人知道畢錚她心酸的過去……。

大約在十幾年前，她來到了我的講堂，當時她是和她的大姊偕同來訪。那時大姊畢芳已經來了五六年，畢芳的個性、外貌和畢錚渾然是天壤之別，若不是親自介紹，我也無法相信她們是親姊妹。閒談之後，了解到兩人人生的道路落差也極大。畢芳像極了舊社會大門不出、二門不邁的傳統女子，再加上原本就聰明伶俐、錦心綉腸，從小求學生涯也極順暢，閒暇喜歡遊山涉水和創作詩畫。她和她的夫婿也算是天生一對，兩人還曾偕伴習唱崑曲多年，下班後經常相約返家互相唱和，一副琴瑟和鳴的景象令人稱羨，大有鸞鳳閨房作學舍，一曲唱和兩不厭的氣氛。丈夫喜歡她的幽豔細心，畢芳喜歡丈夫的體貼徐淑，兩人過著耦俱無猜、情投意合的生活。從結識到婚後多年間，連偶發的小爭吵都從未有過，這應該是前世修來的好姻緣。

畢錚和姊姊同樣都有著令人稱羨的外貌，所不同的是畢錚比她姊姊多出了幾分男兒氣和犀利的眼神，講話直來直往，毫無遮修，令人覺得陽剛之氣壓過了她的女兒之身。當年兩姊妹來我處經過深談之後，我才了解到，原來在幾年前，畢錚的婚姻已經出現了狀況，而且深深地侵擾了她的生活，那段時間她幾乎無法做任何事情。為什麼一對原本感情彌篤、比肩相親的佳偶，如今反成了別鶴離鸞的怨人？她反覆不斷地自己執問著自己。

猶記得當時心情極端蕭索的畢錚，口氣裡流露出陣陣的清寒。

「我真的無法相信這件事可以令他再愛上別人。」畢錚所講的他，是指她的前夫關銳，事情的原委在那次的聊天中，畢錚大約都有對我講述。

「原本剛結婚的頭幾年之中，我們一直無法懷孕，因為我有嚴重的地中海貧血和其他的隱疾。後來好不容易花了很多錢，才用試管懷上了一胎，兩人歡天喜地，為了新生命的來臨在做準備，也把小孩的房間都預留了出來。什麼嬰兒床啊！玩具啊！我還興高采烈地經常去買些螢光貼紙，貼滿了天花板……」畢錚講這段話的時候，眼睛充滿著光彩，但隨即情緒急轉直下。

「活該是我不對，我的個性實在太大咧咧，某天兩個閨密從大陸出差回來，約了我出去吃飯。其實我應該聽關銳的話，要處處小心，吃了飯趕緊回家，但拗不過閨密們的挑釁慫恿，我便賭了氣，和她們去夜遊。我們從一處啤酒屋出來後，其中一名閨密也許喝了點小酒，提議要往過去常去夜遊的路線淡金公路，生性爽快的我不好掃她們的興，便一起出遊。沒想到，這次真的是我生命中的大劫……」

畢錚講到此處時已成淚人，就如同當時的情景又重現一次。當時三個人意興盎然地聊天著，調頻音樂放得嘎響，還跟著唱和。就在這時，在一個轉彎處遇上了幾名飛車的年輕人，呼嘯擦身而過，握著方向盤的閨密被這突如其來的景象給驚嚇到，一時回不了神，和其中的一部飛車相撞。由於她緊急煞車太快，坐在後座的畢錚來不及反應，身體往前碰撞到前座，當她醒過來時，人已經在醫院……。

「我當然很懊悔，滿心愧疚地對著關銳一直哭著說抱歉……」

關銳當時的表情是我從來未曾見過的堅毅、冷靜，他兩眼無神地看著我，似乎在聽一位陌生人對他述說著與己無關的故事。我在百感交集的情緒之下，其實也沒有太注意他內心世界的轉折與變化。現在回想，兩人之間的距離，從那個時刻開始已經漸漸地愈拉愈遠，遠到我感覺不到，也摸不著自己內心深處的那一份寂寥。當時我感覺得到，我們兩個之間應該有些事情已經開始在醞釀著……」

畢錚緊皺著雙眉，兩眼婆娑之間似乎在回憶，也在捕捉一些她可以想起來的往事。

「我只知道，那段期間我就像掉了魂，看到大肚子的孕婦從我身邊經過，我會不斷地注意觀看，我也會跑到嬰兒用品中心去買些初生嬰兒要用的物品，滿心愉悅地帶回家裡的嬰兒房。眼看這些物品愈堆愈高，我不能接受已經流產的這個事實。身旁的親友不停地安慰我，要我面對現實，好好重新開始新的生活。可是我嘗試過，真的沒有辦法……

「漸漸地，關銳開始有很多的應酬，也有很多的加班，這些其實都是他的託辭。我經常在他深夜返家時聞到他身上流露出來的酒臭及菸臭味，但因為心情沮喪，無暇去追問太多。其實那時他已經出軌了……」

我當時靜靜地耐心聽著畢錚講述她的過程，我知道一個女人從滿心歡喜到期待破滅，要走過這樣一段黯淡的日子，那種心境的朦朧，我是可以體會的。那時對說者唯一的寬慰，應該只有聆聽，對她才是一種讚許吧！

「大約有好幾個月的時間，關銳未曾碰過我，連和我講話的眼神也都是閃避的。從他游移的眼神，我知道他在躲我，但我也在尋找適當的時機，要和他口對口地了解這段時間到底發生了什麼事。

「『我已經有了別的朋友，我想搬出去住。』這是關銳第一次開口對我交代兩人之間的內容。當時我腦海雷轟似地怔住了半晌，回不了神，但旋即我冷靜下來，畢竟這也是這段期間我曾經預想過的事情，沒想到我反倒異常地鎮定。

「『你都想清楚了嗎？我們倆有沒有溝通的餘地？』我冷冷地回他。關銳此時的表情，讓我覺得眼前的他怎麼變得如此陌生？就像路人似的，好像是我停佇下來在問某個路人該往哪走一般。我霎時間百感閃過，從初識到數年之間所發生的點滴，及最後試管成功到破滅……像倒帶似地鋪天蓋地直衝腦門。我心裡已經有種預感，這男人已經走出了我的世界。」

這是當年畢錚對我講述她所遭遇的婚姻及流產事件，以及在這之後她人生之中所產生的衝擊及苦痛的過程。事後我還記得對她鼓勵的互動過程。

「男女之間的情感是有前定的，有的可以白首到老，有的爭吵終生，有的鰥寡獨守，有的重婚多次……我相信這絕非偶然，當事人也無法事先預知。所以妳要很理性地去看待這件事情，事已至此，懊惱、憤恨都無濟於事。妳要抽離兩人的對待關係，用客觀理性的第三人立場去面對目前的囧境。

「兩人世界就如同合作經營一家公司，起初理想、理念、遠景大家都一致，但是隨著時空的遷移，人事的變幻，誰也無法預知下一步會發生什麼。沒錯，對方是對不起妳，離叛了妳，妳目下當然不能接受，但是妳希望往後的日子因為他的態度而影響妳下半生嗎？唐朝的霍小玉因為負心郎李益的叛情，而生起妒殺之念；杜十娘以她的老練，最終還是錯看了李甲；綠珠為了石崇，最後連自己如何死的都不清楚……從古至今有多少忠貞烈女為情犧牲自己，這值得嗎？」

陽光之下無闇影

霜冷離鴻驚失伴，有人同病相憐。
擬憑尺素寄愁邊，愁多書屢易，雙淚落燈前。
莫對月明思往事，也知消滅年年。
無端嘹唳一聲傳，西風吹隻影，剛是早秋天。

「這首詞也透露出人世間情之路途上百般地無奈，人間百年，有多少對男女可以如王寶釧和薛平貴般如此地幸運？眼前的妳千萬不要自憐自艾。」我用了好幾個鐘頭的時間，舉了從古至今，從烈女、江湖奇女子，一直引述到當代的張愛玲、陸小曼等等的愛情生涯和感情觀念，目的就是為了告訴她，人的一生，不是只有情感這件事情而已。

我還以她的命格作解釋，從她小的時候一直到當下所發生的事情，一五一十、鉅細靡遺地告訴她命是固定的，除非妳有過人的智慧及堅忍不拔的意志力，否則百分之八十的人極難跳脫。我同時也告訴她，其實她太信任關銳，從她和他交往到現在，他至少已經有三次出軌，我明白地告訴她是發生在哪一年的哪一月、對方的個性、長相……最後，她點頭承認確有此事，只是她覺得自己太傻，每次都相信他，但這次她是因為自己覺得有愧疚感才這般地執著……。

「妳千萬不要再自責，一切各有因緣，誰都沒錯，只能說緣分的安排不是妳和他可以決定的。兩人之間重要的是感覺，一旦感覺失去了，過去的濃情烈愛，也都會如同潑灑落地的水一般永難回頭。妳要過得有尊嚴，唯一的方法便是徹底地脫胎換骨，一切歸零，為自己往後的人生另闢一條嶄新的道路。暫時建議妳不要再有新的戀情，否則一樣會受到傷害，不如把它轉化為一股全新的能量，為自己的事業去衝刺吧……」

後來，我還舉了許多人在情感上挫敗後，如何在人生之中浴火重生的例子給她聽。那一天她似乎得到了鼓舞，也願意走出傷痛。

這是畢錚所真實發生過的感情過程，期間她也曾經墮落過、酗酒過，也曾極長的時間心懷沮喪、黯然魂銷。她的姊姊畢芳為此也曾來詢問過我該如何是好？我對她說：「不用罣礙，隨她去吧！她一定會清楚地回頭。」後來過了一小段時間，很快地，她又恢復正常。

她曾經再來找我深談過，我用了比較嚴肅的話語建議她，此後她自己也跑來講堂上課一段時間，我親眼看著她漸漸地又恢復了原有的生命力。在這之後，她也用了很多年的時間去上專業的課程，去充實自己的外語能力，去學習資訊科技相關的知識，這期間還去國外取得了短期的學位。最後，她和兩位志同道合的朋友引進了國外的產品，整個事業體迅速發展，把這些健康食品和美容方面的產品推廣到不同的國度。現在，她儼然已經成為一位成功企業家，雖然年近五十歲，但風姿不減，頭銜也愈來愈多。雖然她已經很久沒有時間繼續來上其他課程，但我知道她的忙碌是用另外的方式在幫忙社會大眾及醫療保健，這點我也頗為欣慰。

後來回想，我當年在和她們兩姊妹談話時，由於畢錚當時的情緒和身心狀態極度地不穩定，甚至於一段時間曾經傷害過自己，所以有次我找她到我的會客室，我對她講：「妳現在也許正在面臨著人生中極難跨過的溝渠，但是如果無法擁有抬起腿的勇氣，妳勢必要跌落到腳前的溷濁水溝裡，這是得不償失的！一個人要學習在無法勇敢地面對苦難時，最起碼也要練習去面對心中的陰暗面。在人的生命裡，無論遭遇到任何大小問題，妳必須記住，只有妳自己才能救度妳自己。尤其不要自怨自艾，怨天尤人，上天給予我們的，絕對超過妳所有的想像，重點是妳要敢於去接納陽光，否則妳看到的，永遠就是妳自己的陰影……」

許多人在面對生命的暗礁險灘時，往往都會選擇迴避或轉向。事實上，同樣的問題在往後的人生歲月裡都極有可能重現，逃得了一時，絕對過不了一世，不如在自己還有能力處理和面對的時刻，就把它當作人生必修的課程，或許從中還可以得到意想不到的智慧。

國家圖書館出版品預行編目（CIP）資料

絕對
王薀 老師／著
初版／台北市 2018.08；
面； 14.8x21 公分；
ISBN 978-986-94458-3-2（平裝）
1.修身 2.人生哲學 3.生活指導
192.1 107010342

絕對

王薀 老師／著

編輯 拾慧文化創意編輯整理
出版 拾慧文化創意有限公司
地址 台北市郵政信箱 117-772 號
電話 +886-(0)2-2707-8599
傳真 +886-(0)2-2707-5788
Email bhagavanpublishing@gmail.com

歡迎加入王薀老師
facebook 粉絲頁：www.facebook.com/teacherwang777
LINE@：拾慧文創
Instagram：teacheryun777

初版一刷 2018年8月
Printed in Taiwan

ISBN 978-986-94458-3-2
定價 280 元